作者简介
AUTHOR INTRODUCTION

刘红松

资深战略管理专家与军旅心理学家
赫尔曼·西蒙商学院（中方）院长

曾任中国人民解放军军事科学院战略部研究员、中国社会心理学会副会长、中国社会心理学会军事专业委员会主任。

长期从事心理学、战略学和经济学等研究。1986年，撰写出版了我国第一部《军事心理学》，此书在1988年"我所喜爱的军版图书"评奖中荣获一等奖；同年，在战场环境条件下创造性地开展了"战斗士气"的心理量化研究，撰写了第一份"战地心理研究"报告。1987—1992年，主持全国哲学社会科学"七五"规划重点课题"中国国防心理研究"，撰写了《国防态度》《国防心理研究》等学术著作和一系列研究报告。2000年，主编由前中国人民解放军总政治部宣传部组织的第一本军队院校统编通用教材《军人心理学》，在全军政治理论成果评比中获特别奖。

2021年，撰写了第一部有关论述"心理强国"的理论著作《百年：中国人的心理跃迁》。2022年，提出了"中国式隐形冠军"的概念，著有《中国式隐形冠军——聚焦专精特新之路》。此外，自著、主编和合著《和平演变战略及其对策》《竞争技巧》《市场经济与国防发展战略》《管理艺术通论》《军队经常性管理概论》《面向21世纪的人生抉择》等多部学术著作。

多次参与重大战略问题的决策论证和前沿课题研究，提供和撰写了一系列战略咨询报告和多篇学术论文。10多年来，在清华大学、北京大学等多所高校，以及党政机关及企事业单位主讲国际战略、区域经济发展战略、战略管理、心理学、孙子兵法、领导力等课程，所传授的思想和观点得到了广泛的认同和赞誉。

图1：赫尔曼·西蒙商学院——中国隐形冠军加速部落山东寿光（实景）

图2：赫尔曼·西蒙教授通过视频在首期隐形冠军班亲授第一课

图3：赫尔曼·西蒙商学院课程设计研讨会

西蒙商学院专精特新
隐|形|冠|军|丛|书

中国式
隐形冠军

聚焦专精特新之路

（第二版）

刘红松 ◎ 著

Chinese Style
Hidden Champions

企业管理出版社
ENTERPRISE MANAGEMENT PUBLISHING HOUSE

图书在版编目（CIP）数据

中国式隐形冠军：聚焦专精特新之路 / 刘红松著. -- 2 版. -- 北京：企业管理出版社，2024.5
ISBN 978-7-5164-3053-8

Ⅰ.①中… Ⅱ.①刘… Ⅲ.①中小企业—企业发展—研究—中国 Ⅳ.① F279.243

中国国家版本馆 CIP 数据核字（2024）第 072360 号

书　　名：	中国式隐形冠军——聚焦专精特新之路（第二版）
书　　号：	ISBN 978-7-5164-3053-8
作　　者：	刘红松
策　　划：	朱新月
责任编辑：	尤　颖　刘　畅
出版发行：	企业管理出版社
经　　销：	新华书店
地　　址：	北京市海淀区紫竹院南路 17 号　邮　编：100048
网　　址：	http://www.emph.cn　电子信箱：zbz159@vip.sina.com
电　　话：	编辑部（010）68487630　发行部（010）68701816
印　　刷：	北京科普瑞印刷有限责任公司
版　　次：	2024 年 5 月第 1 版
印　　次：	2024 年 5 月第 1 次印刷
开　　本：	710mm×1000mm　1/16
印　　张：	19.25 印张
字　　数：	200 千字
定　　价：	78.00 元

版权所有　翻印必究　·　印装有误　负责调换

RECOMMENDATION
推荐语

　　刘红松院长所著的《中国式隐形冠军——聚焦专精特新之路（第二版）》，是一部论述隐形冠军思想的完美力作。该书结合全球经济发展趋势和中国经济发展现状，分析经济体制、人口规模、市场潜力、文化背景、治理模式和全球化水平等方面的差异，创造性地提出了"中国式隐形冠军"的概念，并就如何创建隐形冠军企业阐明了一系列有效的应对策略。本书思想理论体系完整，文字语言表达精准，实践性与可操作性强，对中小企业和隐形冠军企业的领导者有很大的借鉴价值。

赫尔曼·西蒙

The book "Chinese-Style Hidden Champions: Focusing on the Road of Specialization and Innovation (Second Edition)" by Dean Liu, Hongsong is an exceptional work that delves into the concept of Hidden Champions. By merging global economic trends with China's current economic landscape, the book scrutinizes variations in economic systems, population size, market potential, cultural backgrounds, governance models, and levels of globalization. Introducing the concept of "Chinese-Style Hidden Champions" in a creative manner, it offers a number of effective strategies for nurturing such enterprises. With its comprehensive theoretical framework, precise language, and practical applicability, this book becomes an invaluable resource for leaders of small and medium-sized enterprises, as well as those aiming to be Hidden Champions.

Hermann Simon

FOREWORD
序

我和刘红松老师相知相识三十七载，交往甚密，他是我很敬重的兄长。20世纪80年代后期，我们一起做心理学课题研究，近些年来，我们更是经常开展有关领导力和组织变革的合作研究，因此，对他的研究经历和心路历程甚为了解。刘红松老师是中华人民共和国成立以来我国军事心理学的主要创立者，是资深的战略管理专家和军旅心理学家。他多次参与一些重大战略问题的研究和咨询，在心理学和战略学两个领域具有很高的造诣，著作颇丰。他尤其善于把军事战略思想和企业战略管理有机结合起来，把《孙子兵法》和商战有机结合起来，把军队管理和企业管理有机结合起来，并取得了一系列应用成果。原著《中国式隐形冠军——聚焦专精特新之路》是一部创造性力作，体系完整，观点新颖，视角独特，可操作性强，读后深受启发，出版后得到学术界和广大企家的热烈反响。这次重新再版，增添了许多新内容，理论更加丰富，观点更加鲜明，体系更加完整，实践指导意义更强，具有点睛之妙。

我在清华大学经济管理学院接触的企业，或者做的案例研究，一般都是大企业或大中型企业。近几年，我们开始接触一些隐形冠军企业和专精特新企业，深深感到中国的企业，尤其是中小型企业，需要顺应国家经济发展的大势和内在规律，进行重大的战略转型和升级，走专精特新之路，成为行业的"小巨人"企业，进而成为世界级的隐形冠军，这正是中国中小企业发展的必由之路。

回望改革开放40多年来，中国企业走过了曲折而又辉煌的道路：从漫无边际的多元化扩张到回归主业的专业化聚焦，从注重速度和规模的粗放型发展到精细化的质量提升，从市场同质化的价格竞争到差异化和特色化的价值链重构，从贴牌生产和技术模仿到自主创新，从传统生产经营模式到数字经济的全面跃迁。在这一系列转型过程中，中国企业已经迈进了高质量发展时代，进入了新发展阶段。2021年10月18日，在中共中央政治局第三十四次集体学习时，习近平总书记强调："加快培育一批'专精特新'企业和制造业单项冠军企业。"

20世纪80年代中期，德国管理思想家赫尔曼·西蒙首次提出"隐形冠军"的概念，自21世纪初他所著的《隐形冠军》一书来到中国，传播甚广，深得各界认同，有越来越多的中国企业家对"隐形冠军"的概念耳熟能详，并积极加以践行，从而涌现出一大批隐形冠军企业。在经济体系中，隐形冠军企业和单项冠军企业有其独特性，体量虽小，但在细分领域稳居前列；领域虽细，但在价值链上居于上游；规模不大，但在产业链中不可替代，拥有自主创新能力和核心竞争力，这种企业的发展势能代表着中小企业转型的风向标。

中小企业如何走好专精特新之路，迈向世界行业冠军的巅峰，这是一个重大的时代性命题。刘红松老师在《中国式隐形冠军——聚焦专精特新之路》一书中做出了重要的探索，第一次提出了"中国式隐形冠军"的概念，并就如何锻造中国式隐形冠军企业提出了很多有效的应对之策，对中小企业的发展有很重要的借鉴意义。中国的企业管理，必须是中国式的企业管理；中国企业锻造的隐形冠军，也必须是中国式的隐形冠军。这是由社会制度、经济体制、人口规模、市场潜力、文化背景和治理模式所决定的。随着中国现代化进程的加速和改革开放的深入发展，中国式隐形冠军企业的成长速度、数量规模、行业领域宽度、核心竞争力、文化精神动力、人力资本优势等将会全方位超过外国企业，这也是一种不可阻挡的潮流。

因此，中小企业需要贯彻创新、协调、绿色、开放、共享的新发展理念，不断强化战略的前瞻性，确立发展的大局观和全球观。中国企业一方面深耕国内市场，一方面布局国际市场，通过内外循环的双重带动，牢牢占领世界行业的领先地位；要像当年海尔一样，以自主品牌"走出去"开拓国际市场，最终实现从"走出去"到"走进去""走上去"的转变，成为世界级名牌。

中小企业需要凝心聚力，坚持长期主义，苦练内功，培育卓越的领导力，打造高效的战斗团队，把自身锻造成中国式的隐形冠军，这是中国企业的历史使命和时代担当。

期待中国企业家，尤其是中小企业的领导者阅读此书，一定会大有裨益。

清华大学经济管理学院教授　　　　
中国工商管理案例中心主任　郑晓明

PREFACE
前言

中国隐形冠军群体性崛起

"木欣欣以向荣,泉涓涓而始流。"改革开放春潮涌动,辉煌成就催人奋进。经历40多年发展,中小企业孕育成长,不断发展壮大。迄今我国的市场主体超过1.8亿户,其中中小企业超过5000万家,个体工商户突破1.3亿户,中小企业和小微企业的数量占市场主体超过90%。习近平总书记高度重视中小企业,对中小企业发展做出了一系列重要指示,指出"我国中小企业有灵气、有活力,善于迎难而上、自强不息",强调"中小企业能办大事"。中小企业的发展,对国民经济的提升和扩容具有重大意义,能为中国经济长期持续健康发展提供源源不断的内生动力。

"几度风雨几度春秋,风霜雪雨搏激

流,历尽苦难痴心不改,少年壮志不言愁……"这首歌或是40多年来中小企业历任领军人物的心路写照。"凡是过往,皆成序章。"广大中小企业的领导者需要"看清楚过去我们为什么能够成功,弄明白未来我们怎样才能继续成功"。

当今之中国,正全面进入高质量发展时代。中小企业正处在一个重大战略转型时期,过去多年来主要依靠资源要素投入、依赖成本优势和规模扩张的粗放式发展模式难以为继,必须上升到一个新的战略通道,尽快解决当前小而不精、多而不强、缺少核心技术和品牌优势的系统性问题,聚焦专业化、精细化、特色化、新颖化的战略定位。在专业化上给力、在精细化上用力、在特色化上努力、在新颖化上发力,强化产业链薄弱环节,推动信息化、智能化、网络化等新一代科学技术与企业融合发展,加强数字化和智能化改造,促进中小企业与大企业之间的专业分工与链融通发展,不断补链、增链、强链,进而提升在全球生产网络中的地位,力争成为行业的隐形冠军,这已成为我国中小企业的时代主题。

赫尔曼·西蒙教授是德国著名的管理学思想家,世界"隐形冠军"之父,自2005年以来德语地区最负盛名的当代管理大师,唯一入选全球Thinkers50名人堂的德国人,在《Cicero》杂志500位最重要的学者中名列前100位。他被誉为企业产品定价领域全球最重要的专家,创立了定价学模型(西蒙模型)。

1990年9月,赫尔曼·西蒙教授在一份德国出版物中首次提出"隐形冠军"的概念,引起了人们的好奇和兴趣。经过30多年的发展,"隐形冠军"一词已经成为全球公认的战略和管理概念，这一概念在政治、商业、新闻、教育和学术研究中引起了广泛而持续的关注。赫尔曼·西蒙教授出版的 35 本著作，被译为 27 种语言在全球范围内传播，其思想影响遍及世界各地。

赫尔曼·西蒙教授具有超越国界的情怀，对中国有着深厚的感情，他称中国为"第二故乡"。他在自传《全球化之旅》中提道：20 岁之前，生活在一个小村庄，这是他人生的第一个世界。后来的 50 多年，人生舞台变成巨大而广袤的世界，称之为全球化时代的世界。"两重世界，一种人生"，表达了他的个人感受。在他职业生涯的前几十年，主要关注的是西方世界。20 世纪 80 年代他访问日本，关注点开始转向东方，他说："中国让我越来越有兴趣，对我越来越重要，成为我迟来的爱。"

赫尔曼·西蒙教授的"隐形冠军"思想理论，以全球化的视野和战略思维，对"隐形冠军"形成发展的时代背景、历史条件、经济环境、资源禀赋、市场结构、创新能力、人文要素和各国企业的差异等方面进行了全方位的综合分析，立意宏大，体系严谨，观点新颖，数据翔实，实用性很强。近些年来，我通过对"隐形冠军"思想理论的深入了解，有了许多新的领悟。

一、中国隐形冠军崛起时代已经来临

据《中国电子报》2020 年 3 月 20 日报道，德国现有 370 多万家中小企业，约占企业总数的 99.7%，贡献了约 70% 的就业率，是德国经济发展的中坚力量。在 2021 年《财富》世界 500 强排行榜中，德国企业只有 27 家，但在中小型市场领军者排行榜中，德国企业占比48%。2021年，德国隐形冠军的名录上有1573家公司，占全球隐形冠军的46.2%。与其他国家相比，为什么德国是那么多隐形冠军的发源地？这是由一系列复杂、相互作用的原因造成的，无法追溯到单一根源。这当中有许多因素深深扎根于历史、传统和价值体系之中。

中国有5000多万家中小企业，能否像德国一样，涌现出大量的隐形冠军？回答是非常肯定的！赫尔曼·西蒙教授提出了"中国世纪"的概念，认为在这个世纪里中国发展为一个经济强国，并在持续强劲增长多年之后，中国企业正在弥补其之前在质量、品牌、营销和重大创新等领域的相对劣势，中国企业正齐心协力地践行"隐形冠军"理念，通过战略转变、有机增长和关键收购，一些企业已经取得了令人瞩目的成功。

许多中国企业已经夺取了隐形冠军的桂冠，更多企业正奔跑在成为隐形冠军的路上。按公布的数据，中国隐形冠军企业约100家。这个数据只是一个粗略的估计，既然是隐形冠军，通常不为人所知，就不太容易被发现，许许多多的中国隐形冠军企业还没有被统计出来。当今，中国企业已经进入了"专精特新"发展时代，这就为中国隐形冠军群体性崛起奠定了非常坚实的基础，提供了无限可能。

（一）14亿人口市场为隐形冠军成长提供了广袤的回旋空间

中国式现代化顺应人口规模巨大，立意构建一个"幼有所育、学有所教、劳有所得、住有所居、病有所医、老有所养、弱有所扶"的共同富裕的普惠社会，同时促进创新发展、协调发展、绿色发展、开放发展和共享发展，这就必然形成消费市场的多样化和多元化。2022年中国社会消费品零售总额达到约44万亿元，仅次于美国。摩根士丹利发布的《中国消费2030》中提道，中国的消费市场规模将在下一个10年中翻倍，达到12.7万亿美元，这意味着下一个10年里中国的消费市场规模将保持年化7.9%的增长率，成为全球消费市场规模增长最快的国家之一，不久中国将成为全球最大的消费市场，中国将成为全球第一大消费国。

其中利基市场和小商品市场为隐形冠军的发展提供了广阔空间。世界上存在着巨大的离散市场，仅亚马逊就拥有超2亿件商品。在所有市场中，可能只有2%是大型市场，其余98%是中小型市场和利基市场。生活中有无数日常小商品，每个"小商品市场"都提供了发展隐形冠军的机会。M+C Schiffer每天生产130万支牙刷，把它们排成一列，年产量将达到76万千米的长度，即地球周长的19倍。这个世界到处都是商业机会，中小企业往往以独特的敏锐性抓住这些机会，并在世界范围内占取领先的市场地位。浙江宁波、江苏苏州、山东潍坊、广东东莞和佛山的企业在这方面的表现尤为突出，他们往往把只服务于一个小利基市场的专家发展到相当大规模的领导者，从而向隐形冠军冲刺。

（二）中国全产业链为隐形冠军成长提供了丰厚的沃土

目前，我国工业体系和全产业链更加健全，已拥有41个工业大类、207个工业中类、666个工业小类，是全世界唯一拥有联合国产业分类中全部工业门类的国家。同时，工业规模进一步壮大。2022年，全部工业增加值突破40万亿元大关，占GDP比重达33.2%。其中，制造业增加值占GDP比重为27.7%。中国的产品渗透到社会生活的方方面面和每一个环节。自2000年以来，中国在全球制造业中的份额已增长了近4倍，达到31%，美国所占份额下降到16%。

制造业的全产业链发展，进一步促进了劳动分工，劳动分工为隐形冠军的崛起提供了无限可能。亚当·斯密在《国富论》中首次提出并推广了劳动分工的优势。劳动分工的增加，意味着只制造单个组件的专家取代生产整个产品的通才，专业制造单个组件可以带来巨大的生产力提升。然而，只有在市场足够大的情况下，劳动分工和专业化才能发挥作用。亚当·斯密认为"劳动分工受到市场规模的限制"。而中国恰恰具备市场规模和劳动分工这种独特的优势。

（三）中国进出口规模为隐形冠军成长提供了国际化机遇

2022年中国进出口总值首次突破40万亿元大关，规模再创历史新高，民营企业年度占比首次超过一半。2017年以来，中国已连续6年保持世界第一货物贸易国地位。2009年中国取代德国成为世界出口冠军，并一直保持领先地位。

赫尔曼·西蒙教授认为，若回溯到200年以前，基本上不存在既具备中型规模又是世界市场领导者的企业。在过去的国际认知中，只有最优秀的企业才能处理与外国的业务和生产出具有国际竞争力的产品。"大型企业决定着一个国家出口业绩"的这一假设对大多数国家都适用。美国、日本、法国、韩国、英国、意大利和西班牙的大企业数量与出口绩效之间几乎呈线性的关系。只有中国和德国不同于这一模式，分别在绝对出口和人均出口方面排名第一。中国和德国有一个共同点：在中国，大约三分之二的出口来自中小型企业，德国中小企业的出口份额也是如此。从德国中小企业来看，隐形冠军恰恰是出口的主要驱动力，隐形冠军构成了德国强劲的出口驱动型经济支柱。

中国货物几乎遍及世界绝大多数国家，中国产品深深嵌入世界价值链和消费品之中。尽管全球化的步伐正在放缓，逆全球化的潮流不断上升，但全球化的进程不会停滞，断链的概率很小。为此，中国中小企业可以大胆走出去，在开拓国际市场中不断取得领先地位。通过国际化将国内小众市场的有限潜力扩大到全球范围，这是隐形冠军的最佳战略选择。

（四）传播和物流的现代化促进了隐形冠军的崛起

赫尔曼·西蒙教授特别强调现代信息技术和覆盖全球的物流系统对隐形冠军的促进作用。2022年，中国快递服务企业业务量累计完成1105.8亿件，其中，异地业务量累计完成957.7亿件，同比增长4.0%。中国的快递网络，是一张单程超过4300万公里、网点达到41万处、日均服务近7亿人次的巨型网络。2023年10月23日上午7时39分，我国第1000亿件快件产生，比2022年达到千亿件提前了39天。

国家邮政局快递大数据平台实时监测数据显示，2023年12月4日18时26分，一件从云南昆明寄往四川成都的快递包裹，成为2023年第1200亿件快件。这是自2021年以来，我国快递首次突破 1200 亿件大关，凸显出我国快递市场繁荣活跃、发展质效不断提升，展示出中国消费市场持续向好的良好态势。

中国是名副其实的"快递大国"，同时也是"电子商务大国"。2022 年，中国网上零售额达 13.79 万亿元，同比增长 4%。其中，实物商品网上零售额 11.96 万亿元，同比增长 6.2%，占社会消费品零售总额的比重为 27.2%。2022 年中国跨境电商进出口（含 B2B）额达 2.11 万亿元，同比增长 9.8%，电子商务新业态新模式彰显活力。传播信息技术和物流的现代化为隐形冠军企业扩大市场规模提供了新机遇。为此，隐形冠军们需要与全世界的客户进行沟通交流，并且能够便捷且经济高效地将商品送到他们手中，使"地球村"成为现实。

综上所述，中国隐形冠军群体性崛起指日可待，走"隐形冠军"之路是一条康庄大道，是时代的选择，是改革开放 40 多年中国企业发展的历史必然，是可预期的光明未来。

二、隐形冠军彰显新型工业文明

为什么要成为隐形冠军？隐形冠军的价值和意义在哪里？最核心的价值就是隐形冠军彰显了新型工业文明。一个懂得尊重思想和文化的民族，才会诞生伟大的思想和文化；一个拥有伟大思想和文化的国家，才能拥有不断前行的力量。一个拥有深邃思想和博大胸怀的企业家，才能把企业带向远方！

无论是外国企业还是中国企业，都需要汲取新型工业文明的精华。赫尔曼·西蒙教授认为，隐形冠军是一种工业文明。在四次工业革命的浪潮中，世界企业不断进化升华，沉淀了许多鲜明的有价值的文明特质，隐形冠军所蕴含的文明特质必将显示出强大的生命力和社会价值。

（一）隐形冠军蕴含企业生命哲学

人为什么活着？人生有什么意义？人如何活着？这是人生哲学。企业怎样活？企业的使命和价值是什么？这是企业哲学。隐形冠军是一种新活法，活得健康，活得有质量，活得长久，永葆基业长青。这种新活法体现了一种新型工业文明和长期主义文化，遵循了企业的生命哲学规律。

中国企业要想长治久安，做成百年老店，就需要充分认识企业的生命周期，正确把握企业的战略转折点。伊查克·爱迪斯是美国很有影响力的管理学家之一，曾用20多年时间研究企业发展、老化和衰亡的生命历程，创立了企业生命周期理论。认为企业发展就像人的成长一样，有一个生命的出生、成长、衰老、生病和死亡的过程。企业生命周期曲线可以延续几十年甚至上百年，而实际上很多企业没有走完这条完美的曲线就消失了。爱迪斯认为："成长和老化既不取决于企业大小，也不在于时间长短。百年老企业仍可灵活如初，年仅十岁的企业却可能官僚无比。"

隐形冠军不一定是大型企业，但可以活得更加长久。赫尔曼·西蒙教授通过对世界隐形冠军成长周期的分析认为，隐形冠军往往不是年轻的企业，它们的中位年龄为71岁，1/9的隐形冠军年龄甚至超过100岁，都是"长跑冠军"。这表明隐形冠军的存活率很高，甚至可能超过大企业。日本的千年企业，几乎都是中小企业。企业为什么能够长寿？主要靠长期主义的战略导向和专注的实业精神。专注和聚焦是赫尔曼·西蒙教授创立"隐形冠军"概念的主题词。

（二）隐形冠军彰显现代工业人格

从农耕文明向工业文明的转变是一种文明的跃升。中国的工业化虽然起步较晚，但几千年农耕文明所形成的人格特质，正在被现代化的工业化浪潮所洗涤，现代化工业人格正在不断得以升华。

赫尔曼·西蒙教授认为，要想攀登"隐形冠军"的高峰，首先需要具备一颗不断燃烧的雄心和进取精神。回望几十年的发展，中国人的进取人格谱写了中国工业的辉煌。继20世纪60年代原子弹、氢弹和导弹研制成功后，经过几十年的不断进取，中国的发电设备、输变电设备、通信设备、高铁、新能源汽车、造船、航天、深海等产业从过去的"跟跑"到"并跑"，逐渐走向"领跑"，很多行业和产业已经处于国际领先地位。

中国的工业产品正在告别粗放型的"粗糙时代"，走向高质量的"精致极致时代"。赫尔曼·西蒙教授认为，"德国制造"已经成为一流质量的标签，这极大地促进了德国隐形冠军的全球化进程。然而，"德国制造"一开始并不被认同。1887年，英国人将德国产品冠以质量低劣的标志加以使用。150年后，"德国制造"以100分的成绩遥遥领先，"瑞士制造"以99分的成绩紧随其后。

随着中国工业现代化的发展，中国人逐步改变了农耕文明培植的"差不多""大致""少许""马虎"的粗放型性格特征。中华人民共和国成立以来70多年的工业化实践表明：中国制造业的竞争力，不是简单的体现在产业和技术上，而是几十年如一日积淀形成的工匠精神和精约文化。技术可以移植，模式可以复制，但是这种工匠精神和精约文化的制造业精神，却是无法移植和复制的。中国产品走向世界，不断赢得好口碑，靠的是中国人精益求精、吃苦耐劳、坚韧不拔的制造业精神。

（三）隐形冠军体现了跨文化互鉴

世界因文明多样而交流，因交流而借鉴，因借鉴而发展。中国企业"走出去"需要具备跨文化素质和全球胜任力。国际贸易需要开阔的文化视野，首先是语言。"最好的语言是客户的语言。"隐形冠军是"全球化思维"。全球商用厨房机器市场领导者莱欣诺（RATIONAL）就用了59种语言展示其信息。

中外企业的互动，尤其是中国企业与德国企业的互动，构成了非常良好的共生共赢模式。当前，约有4000家中国企业活跃在德国，其中大多数设有小型销售和服务办公室。上工申贝集团、宁波均胜电子股份有限公司、美的集团、三一重工股份有限公司、潍柴动力股份有限公司、中国中化集团有限公司等中国一大批企业，先后收购兼并了德国和其他国家一些全球市场领导企业，这些都被视为合作成功的案例。德国大企业早在19世纪就进入了中国市场，西门子和拜耳从1882年开始一直活跃在中国。1984年，德国大众汽车在上海建立了生产基地，发挥了先锋作用。近年来，德国大众汽车提出"更便宜、更本土"的本地化战略，喊出"在中国为中国"的口号，在合肥市建立了德国以外最大的研发中心，约3000名工程师在这里工作。在临近的新工厂，德中制造商库卡上千个橙色的机器人将在这里每年生产约35万辆电动汽车。

如今，约有8500家德国企业分布在中国各地，经营着2000多家工厂。超过53%的德国隐形冠军在中国拥有自己的公司，苏州太仓市是德国隐形冠军最集中的地方，它们视当地为德国企业的"第二故乡"。隐形冠军尽管有着国别和文化背景的差异，却有着惊人的相似性。它们的远大抱负、战略、领导者以及企业文化都有着共通之处。在工作态度上，中国人和德国人都具有勤劳的特性，中国和德国都有"工程文化"的特点。

全球化的运作强化了大协作和大协调精神。中国的开放型经济和中外兼容性管理模式，改变了中国人的"单干型"人格，塑造了中国人的全局观、系统观、整体观的协作型人格，形成了一种合作互助的集体潜意识，折射出中国和谐共存的包容性智慧。尽管存在其他文化差异，但这些共同点使得国际合作变得更加通畅顺利。

（四）隐形冠军凝聚了企业家精神

中国企业家精神是国家经济社会发展的宝贵财富和重要战略资源。一部当代中国经济发展史，也是一部企业家的创业史。改革开放以来，企业家群体筚路蓝缕，从小作坊开始走向经济主战场，不断走向世界舞台，熠熠生辉。一大批有胆识、勇创新的企业家茁壮成长，形成了具有鲜明时代特征、民族特色、世界水准

前言

的中国企业家队伍。他们以家国情怀和善心爱意，汨汨暖流凝聚强大力量，成为中国经济发展的中坚力量。

山东默锐科技有限公司是一家很优秀的隐形冠军企业，把"隐形冠军"理念上升到工业文明的高度，多年来持续践行"隐形冠军"理念，在"隐形冠军"理念的引入、践行、案例、成果、平台方面积累了大量优势，集团下创建了三个隐形冠军企业。杨树仁董事长具有深厚的"隐形冠军"情怀和强烈的社会责任感，他把"隐形冠军"作为一种"企业信仰"，认为走隐形冠军之路是企业的唯一活法，并呕心沥血加以实践，因此得到了世界隐形冠军之父赫尔曼·西蒙的充分肯定和信任，两人之间建立了深厚的情谊，并发展成为忘年之交。

赫尔曼·西蒙在其著作中提到，中国企业家杨树仁在2002年知晓"隐形冠军"这一概念，并通过大幅削减其庞大的产品组合和开展全球化活动来严格应用这一概念，使他创办的企业成为11个细分化学品类的全球市场领导者。山东默锐科技有限公司的案例成果赢得2020年EFMD（欧洲管理发展基金会）隐形冠军案例大奖，并被录入哈佛商学院案例库、毅伟商学院案例库和中欧商学院案例中心。

2019年，赫尔曼·西蒙和杨树仁携手在德国和中国成立了赫尔曼·西蒙商学院，积极传播和践行"隐形冠军"思想。赫尔曼·西蒙商学院（Hermann Simon Business School，简称HSBS）是以赫尔曼·西蒙授权命名的全球唯一隐形冠军商学院。它旨在打造惠及不同行业、不同规模的隐形冠军加速器平台和孵化基地，致力于促进中国和德国乃至全球隐形冠军企业的交流互鉴，吸收全球隐形冠军企业的思想理念和实践方法。着力培养一批具有国际化眼光、深厚文化修养、长久创业情怀、前沿创新思维、坚韧专注精神、善谋果敢风格和奋楫国际商海的企业领航人才，助力中国隐形冠军企业群体性崛起。

"隐形冠军"之路充满了荆棘和坎坷，辉煌是在苦难中迸发的。不经过艰苦卓绝的顽强拼搏，不可能达到行业的巅峰。"隐形冠军"成长之路，饱含了企业家的辛勤和汗水，渗入了企业家的身体和灵魂。中国很多行业的发展，不一定缺市场、缺人才、缺技术、缺资金，往往缺的是精神。精神上立不起来，相关产业就不可能得到发展。今天智能汽车的崛起，带来的不仅是技术变化，更是精神的改变，只要决心干，中国有什么产业拿不下来？先立人，后立国；先治心，后治国；心之强，国即强。

三、坚持专注的隐形冠军发展路径

专注是一个心理学命题、管理学命题，也是一个哲学命题。隐形冠军的"隐形"，就是"不显山""不露水"，所谓隐形冠军，隐在专注而不是分散，隐在坚持而不是放弃，隐在长久而不是短暂，隐在内敛而不是外显。中小企业只有坚持长期主义的发展路径，才能成为"小巨人"企业，迈向单项冠军和隐形冠军之巅。

专注某一个细分市场，坚持专业化发展道路。许多中小企业在早期创业阶段，无序发展特点明显，从事多个行业，铺摊子，广涉面，赚快钱，往往采取多元化扩张。近年来，中国一些企业在经历一轮又一轮无边界扩张而遇到重重困顿之后，开始倡导回归主业、回归专业化、回归初心。任正非说："战略战略，只有'略'了，才会有战略集中度，才会聚焦，才有竞争力。"从中国企业的实践来看，即使是大企业进行漫无边际的多元化扩张，也难免带来灾难性的后果，走专业化道路是中小企业的必然选择。为此，中小企业领导者需要调整心态，培育实业精神，凝神聚气，咬定青山，聚焦一个行业，专注一个产品，执着一种市场，做好一项服务，"把一米宽的市场做到百米深"，"不争500强，但活500年"。小而长久、稳而健康才是企业王道。

专注品质的持久改善，坚持精细化发展道路。品质是产品和品牌的生命线，是企业核心竞争力的构成要素之一。提高质量首先在于提高人的质量，质量的本质是提高人品。产品如人品，产品蕴含着企业的管理水平、团队风貌和企业家的文化素养。人品主要体现在工匠精神上。所谓工匠精神，就是精于工、匠于心、品于行——精心行精神，就是用心去做的行为风范，就是高度负责、执着专注、精益求精、一丝不苟、追求卓越的工作态度和意志品质。专注品质的持久改善，需要以工匠精神做到"日事日毕，日清日高"。

专注技术的持续创新，坚持走新颖化发展道路。企业的生命力来自创新，企业的持续发展靠的是"苟日新，日日新，又日新"的创新精神。中小企业需要聚焦新产业、新产品、新技术、新商业模式的综合开发，重点迈向产业基础高级化和产业链现代化领域，加大对基础零部件、基础电子元器件、基础软件、基础材料、基础工艺、高端仪器设备、航天航空配套设备、机器人、生物工程、集成电路等核心技术的攻关和应用。以创新驱动为牵引，走特色化和差异化的发展之路。根治循规蹈矩、求稳趋同的心理特性，敢于尝试错误，做好底层的自主创新。尤其是要克服心理的"钝化现象"，打破思维惰性的动型，变异思维定势，提高心理的顺应力，做到与时俱进。

中小企业的发展和生命力的延续犹如自然界的万物生长一样。植物界有草木，有灌木，有乔木。企业界有小微企业，有中小企业，有大企业。自然界的一棵小草难以长成一棵大树，企业界的中小企业不可能都迈向行业巅峰。一棵小草如能成为参天大树，必须注入乔木的种子，中小企业发展壮大必须培育"冠军"基因。愿中国的中小企业能够培育"冠军"基因，永葆基业长青。

中国隐形冠军企业正在群体性崛起，隐形冠军崛起的时代已经来临，专精特新之路是隐形冠军的中国化，是中国企业成为隐形冠军的必经之路。中国的企业，尤其是中小企业需要聚焦专精特新之路，砥砺前行，笃行不怠，勇攀"隐形冠军"的巅峰。

CONTENTS
目 录

第一章　经济大变局与"隐形冠军"突起 /001

　　一、中国的经济转型与升级　/003
　　二、新时代的经济发展思路　/008
　　三、中国式"隐形冠军"的突起　/015

第二章　锻造中国式"隐形冠军"特质 /029

　　一、嵌入中华民族精神　/031
　　二、确立新型发展观　/035
　　三、培育冠军心态　/045
　　四、塑造企业家的精神特质　/057
　　五、弘扬革命领袖的风范　/072

第三章　聚焦专业化之路 /075

　　一、科学把握战略转折点　/077
　　二、专业化与多元化的选择　/082
　　三、中小企业的专业化战略　/092
　　四、构建隐形冠军生态圈　/098

第四章 聚焦精约化之路 /103

　　一、确立高质量发展观 /105
　　二、质量战略的提升 /112
　　三、走价值链升级之路 /120
　　四、集中化战略 /131

第五章 聚焦新颖化之路 /137

　　一、聚焦新经济领域 /139
　　二、强化持续的自主创新 /146
　　三、实施差异化的蓝海战略 /160
　　四、磨砺创新思维 /166
　　五、优化与升华创新心理 /173

第六章 聚焦双循环市场战略 /175

　　一、以国内大市场为主导 /177
　　二、优化营商环境 /183
　　三、走开放的全球化之路 /185
　　四、塑造品牌影响力 /193
　　五、市场竞争策略 /201

第七章 培育卓越领导力 /209

一、培育战略领导力 /211
二、提升危机领导力 /214
三、培养共情领导力 /217
四、塑造治心的领导模式 /220

第八章 建设高效战斗团队 /227

一、员工的战略激励 /229
二、赓续红色文化血脉 /242
三、向解放军学团队管理 /247
四、打造员工心理教育工程 /260

主要参考文献 /273

后记 /279

第一章

经济大变局与"隐形冠军"突起

锻造隐形冠军，使中国企业迈向世界行业的巅峰，是中国经济发展的历史必然，是时代的要求和呼唤，是中国中小企业的梦想和社会担当。经济强大，国之强大，经济发展是"国之大者"。经济活动的主体是企业，企业强大，经济则强大。中国经济发展需要打造更多的世界 500 强企业，也需要更多的分布在各个行业和领域的隐形冠军。因此，隐形冠军的培养必须从国家发展战略的高度和经济大变局的历史纵深加以认知和把握。

　　1949 年 10 月 1 日，华夏大地一声惊雷，划破了黑夜长空，五星红旗在天安门城楼冉冉升起，中华民族进入了新纪元，开启了新篇章。从 1949 年到今天，70 余年的时光，中国的经济发展是沿着什么轨迹走过来的？未来，中国如何实现全面建成社会主义现代化强国？在实现全面建成社会主义现代化强国的历史进程中，如何实现强企战略？这是一个个历史性的时代课题。

一、中国的经济转型与升级

中华人民共和国成立初期,中国逐步建立了计划经济体制。通过建立国有企业,从而掌握了国家的经济命脉,建立了社会主义公有制,随后对非公有制私营工商业进行调整,将其纳入了计划生产的轨道。1950年2月,全国财政会议上提出了财政收支统一、公粮统一、税收统一、编制统一、贸易统一、银行统一的"六个统一"。1950年8月,中共中央召开第一次全国计划工作会议,讨论和编制1951年计划和3年奋斗目标。1953年,中国开始执行第一个五年计划,同时推进社会主义改造。1956年,中国完成了对农业、资本主义工商业和个体手工业三大领域的改造,由此进入社会主义初级阶段,开始实施计划经济体制。

我国通过计划经济体制,运用指令性计划和所掌握的大量资源,最大限度地集中人力、物力、财力建设一些国民经济急需建设的行业和大型项目,从而高效推动国民经济的恢复和发展。

1952年,现代工业在我国工农业总产值中的比重仅有26.6%,重工业在工业总产值中的比重只有35.5%。毛泽东曾感慨:"现在我们能造什么?能造桌子椅子,能造茶碗茶壶,能种粮食,还能磨成面粉,还能造纸,但是,一辆汽车、一架飞机、一辆坦克、一辆拖拉机都不能造。"[1]我国正是运用计划经济体制，几乎调动所有资源，集中力量建设了156项重点工程和694个大中型建设项目，初步奠定了工业化基础，并逐步建立了东北三省、上海市、重庆市和武汉市这样的工业重镇，从"一五"计划时期到"四五"计划时期累计投资达4956.43亿元，为国民经济发展打下了坚实的基础。

我国通过自力更生，迅速建立起汽车装备业、重型机械业、航空航天业、半导体电子业、电力业、化工业、核工业、矿山、交通枢纽、水利建设等产业部门和基础设施，拥有了世界上除西方发达国家外唯一较完整的工业体系，为改革开放后的工业化腾飞奠定了历史性基础。1970年4月，东方红一号卫星成功发射，它重达173千克，超过了前四次其他国家发射卫星重量的总和，这是工业领先的一大信号。

中华人民共和国成立后的30年在历史上占有极其重要的地位。在此期间，中国取得了前所未有的进步。这30年是值得回顾、总结的。

1978年12月18日，党的十一届三中全会召开，做出了实行改革开放的伟大决策。浩浩荡荡的改革开放由此启航，改革大潮涌入中国大地，如夏天般炙热，燃起了人们久违的激情；如和煦春风，浸润亿万人民的心灵，彻底改变了中国，深刻影响了世界。

1979年1月，广东省决定将宝安县改为深圳市，把珠海县改为珠海市；同年4月，广东省委提出在邻近港澳的沿海地区设置出口加工区的设想；1980年5月，"出口特区"被定名为"经济特区"；1980年8月26日，五届全国人大常委会第十五次会议批准在深圳、珠海、汕头、厦门设立经济特区，一场改革开放的春潮从南海之滨汹涌澎湃地涌向全国各地。

产权变革开启了中国改革之先河，无限地激发了中国人民的主体力量。"耕者有其田，居者有其屋"是中国人久远的梦想，拥有土地是农民挥之不去的心理期盼，土地对农民来说就是"命根子"。中国共产党实现了彻底的土地革命，从而获得了农民的真心拥护。中国农民获得了真正意义上的土地所有权，得土地者得天下，得农民者得天下。

在党的十一届三中全会"解放思想"的吹拂下，农民强化了脱贫致富的内在冲动，早期实施的包产到户迅速在全国形成了家庭联产承包制的燎原之势，由此拉开了中国市场化改革的序幕。无疑，这种基于人性的制度设计给亿万农民带来了曙光，使自我主体利益意识觉醒，解放了生产力，激发了人的积极性。同样的土地，同样的人，在不同的经济体制下做出了不一样的事，改革开放极大地唤醒了人民群众的积极性。

我国所有制改革打破了单一结构模式，形成了以公有制为主体、多种所有制经济共同发展的所有制结构，实现了历史性的跨越，显示了制度的优越性。

所有制的多元结构变革，动员了一切发展生产力的资源和活力，唤醒了无数劳动者和市场经营者的主体利益意识，激发了他们内在的潜能，极大地强化了人们的进取心、成功欲和奋斗精神，"为自己干"的潜能释放了巨大的社会能量，改变了过去生产率低下的局面，焕发出中国经济的蓬勃生机。

中国经济改革之所以成功，来源于始终围绕着如何最广泛地调动人们的积极性展开，始终致力于破解束缚人的体制障碍，解放思想，解放生产力，更好地激发人的主体意识。

1984年3月28日，被称为"承包国有企业第一人"的马胜利在石家庄造纸厂门口贴出布告，请求承包造纸厂，承诺利润、工资翻倍，他成功承包后，使连年亏损的造纸厂当年实现利润140万元，第二年翻倍，第三年达到320万元，迅速成为全国明星企业，各种荣誉接踵而至。

随着改革的深入，中国对市场经济有了更清晰的认识，改革的力度不断加大，分量不断提升。1992年年初，邓小平以88岁高龄视察深圳、珠海、上海等地，对中国乃至世界都是一件意义深远的大事。《东方风来满眼春》一文真实记录了邓小平的南方谈话，他明确指出，计划不一定是社会主义的，资本主义也可以有计划；市场也不一定是资本主义的，社会主义也可以搞市场。他在谈话中提出要建立社会主义市场经济体制。1992年召开的党的十四大正式提出了建立社会主义市场经济体制的目标。1993年召开的中共十四届三中全会明确提出要在20世纪末使社会主义市场经济体制在我国初步建立起来。20年后的2013年，中共十八届三中全会又一次强调了市场的重要性，提出要发挥市场在资源配置中的决定性作用。

1995年以后，中国工业化和城市化进入"快车道"，开发区、工业区遍布全国。以沿海为主的园区工业高速增长，使中国成为"世界制造工厂"，"东莞塞车，世界断货"广为流传。2010年，中国超过美国成为世界制造第一大国，在世界制造业总产值中占比约19%；城市化进程加速，1998—2016年，中国的城镇化率增加35.89%，2022年底全国常住人口城镇化率达

65.22%，户籍人口城镇化率提高到47.2%，城镇居住人口超9.2亿，年增1.42%。2022年年末，全国城市建成区面积6.37万平方公里，同比增长2.01%。

回顾中国改革开放的四十多年，发展模式和成功经验可以用一句话来概括：如经济学家林毅夫所讲的"有为政府+有效市场"。有形和无形的手同时发挥作用，两股力量驱动中国沿着正确的道路阔步前行。在这种模式的驱动下，中国的增长速度一日千里。中国人把不可能变成了可能，把苍白的理论变成实践的活力，把"一盘死棋"演绎为惊天动地的"话剧"。

在漫长的历史长河中，留下了很多中国改革家的足迹，商鞅、王安石、张居正是其中的代表人物。然而，无数次的变法图强，始终无法跳出"其兴也勃焉，其亡也忽焉"的历史周期律。邓小平开启的改革开放树立了中国变革史上的一座丰碑，实现了中华民族复兴的"战略性大突围"。

今日之中国展示出一幅璀璨绚丽的新图景。从经济规模到经济结构，从科技创新到生态文明，从社会事业到人民生活，到处充满了无限的生机和活力。国家繁荣昌盛，经济平稳发展，社会和谐稳定，人民生活富足，物资丰盛充盈，国际地位不断提高，综合国力日益增强。中国经济发展创造了"当惊世界殊"的辉煌成就。1952年，我国GDP仅有679亿元，2022年超过120万亿元，人均GDP突破1万美元大关，对世界经济增长贡献率达30%左右，持续成为推动世界经济增长的主要动力源。高质量发展蹄疾步稳，中国经济韧性、潜力和活力充满无限空间。第一个百年梦实现了，中国迈进了新时代和新发展阶段。

二、新时代的经济发展思路

当今,中国经济进入了高质量发展时代。在过去相当长的时间内,中国经济处在高速增长时期,围绕人口红利为背景构建的发展模式是中国经济成功的关键,通过大量廉价的劳动力,依靠低价格优势进军国际市场,中国逐渐发展成为世界制造大国。2010年,中国成为世界制造第一大国,其间过往,成本要素发挥了根本性的作用。

中国经济发展经历了从短缺经济向过剩经济的转型。在改革开放初期,企业很少考虑竞争力、品牌和技术开发问题,更多考虑的是成本问题。过去市场一片空白,产品好卖,市场好做,钱好赚。"广货北上",长驱直入;浙江温州产品遍及各地。只要企业开大马力,加工生产,就不愁没有市场。这个阶段,中国企业缺乏战略需求,客观上也不太需要战略的考量。

1992年,邓小平在南方谈话中提出市场经济的改革。从那个时候开始,国有企业改革提出十六字方针:"产权清晰、权责明确、政企分开、管理科学",目标是建立现代企业制度。外国的化妆品、日常用品、饮料、家电、汽车、电脑行业全方位打入中国市场,市场饱和度高了,竞争激烈了,钱也就难挣了。尤其是在竞争充分的行业,比如家电行业,价格战此起彼伏,"红海一片"。所以，竞争充分的行业开始谋划营销、品牌、技术开发的战略问题。此时，中国企业还是以成本优势为主导的发展模式。

中国正是因为具有成本优势，多年来充分享受了全球化的红利。中国制造业的崛起中很重要的一点就是利用国际分工承接了跨国产业的转移。世界经济呈现规律性的变化：全球化推动了投资的国际化浪潮，投资国际化必然引发生产资本国际化，生产资本国际化必然催生跨国企业的崛起。有些跨国企业的产值超过很多发展中国家的 GDP，可谓"富可敌国"。跨国企业的崛起，导致世界性产业结构产生战略性调整。波音飞机在全球有许多生产点，网上设计、网上采购、分区生产后在西雅图组装。制造波音 747 飞机需要超 400 万个零部件，可绝大部分零部件并不是由波音公司内部生产的，而是由 60 多个国家的 1500 个大企业和 15000 个中小企业提供的。世界性产业结构的战略性调整，推动了制造中心和世界经济中心的转移。

从历史上来看，世界经济中心从东部向西部转移。在农业时代，世界经济中心在中国；商业经济时代，转向地中海流域；工业化时代，转向以英国和德国为代表的老牌工业化国家；在汽车工业时代向美国转移。当今，世界经济中心正在涌现从西往东转移的浪潮。

世界产业转移经历了几次大的转变。第一次产业革命时期，英国产生了纺纱机、蒸汽机等一系列重大技术发明，随着英国大机器生产方式的传播，法国、德国乃至远在大西洋彼岸的美国也相继掀起了产业革命浪潮。到 1860 年前后，英国工业发展达到高峰期，国内外贸易迅速扩大，成为当时的"世界工厂"。20世纪，美国相继出现了以石油化工、电力和汽车行业为主的产业革命，随着福特汽车、电冰箱、空调等民用产品的面世，美国经济一片繁荣。日本在20世纪60年代末成功实现产业结构的升级，形成重化工业；到20世纪70年代~80年代，日本经济达到高峰。

20世纪60年代，随着科学技术的发展和发达国家劳动力成本的不断增加，全球产业结构出现新的特点，发达国家在实现产业结构升级的同时，把一些劳动密集型产业向发展中国家转移，致力于发展技术密集型产业和资本、技术双密集型产业。

20世纪70年代，由于两次世界能源危机的冲击，导致能源与矿产资源价格上涨，全球产业结构出现深度调整，发达国家把一部分大量消耗能源与矿产资源的和污染环境较为严重的重化工业部门向发展中国家转移。

从20世纪80年代起，全球掀起了第三次产业结构调整的浪潮。国际产业转移呈现层次高端化、产业链整体化、企业组团化的特征。20世纪末至21世纪初，中国成为国际产业转移的主要目的地，从而确立了世界制造大国的地位。

中国为什么能成为世界制造中心？优势来自三个方面：一是低劳动力成本；二是高素质人才，中国是2.4亿人受过高等教育的人才大国；三是不断增长的市场空间，拥有巨大的潜在市场。纵观世界发达国家，搞了几百年市场经济，最不缺的是资本，最缺的是劳动力，所以资本价格低、劳动力价格高，工业化标准产品非常便宜，但依靠大量人工生产，价格就几十倍地增加。中国最缺的是资本，最不缺的是劳动力，所以中国的资本价格相对较高，劳动力价格相对较低。

跨国企业为什么能够在全球崛起？很重要一点是在全球范围内整合战略资源与成本资源。资本有一种敏感的嗅觉，哪个地方成本低就往哪个地方走，这是世界经济流动规律。这种规律在中国内部正在显现，呈现出经济梯度转移的发展趋势。

近10余年来，中国的人口红利优势逐步消减，成本要素逐渐上升。工资福利成本、生产资料成本、财务成本、环保成本、物流成本、社会成本等生产要素成本呈现出全方位上涨的势头。随着我国资源和环境约束不断强化，主要依靠资源要素投入、成本优势和规模扩张的粗放式发展模式难以为继。

在速度和规模上，中国虽有多种产品产量位居全球第一，但缺少核心技术和品牌优势，质量技术基础比较薄弱；产品质量标准体系尚不完善，产品质量水平有待进一步提高。毋庸置疑，中国企业必须寻找新的竞争优势，努力实现从"中国制造"向"中国创造"、从"中国速度"向"中国质量"、从"中国产品"向"中国品牌"的根本性转变，推动经济发展质量变革、效率变革、动力变革，实现更高质量、更高效率、更加公平和可持续发展。

经过几十年的高速发展，中国经济已进入增长速度换挡期、结构调整阵痛期和转型升级关键期，正处于从量变到质变的重要关口。质量强，则百业强；质量兴，则经济旺。党的十九大报告提出，必须坚持质量第一、效益优先，明确提出建设质量强国。

实施质量强国战略，建设现代化的质量强国，增强我国经济质量优势和综合实力，已成为推动高质量发展、促进我国经济由大向强转变的关键举措。

如何实现高质量发展？要把追求质量作为全民族的共识，把质量强国作为全社会的一种价值取向。为此，我国企业需要实现重大的战略转型，聚焦专业化、精细化、特色化、新颖化的战略定位。企业家要以"专精特新"为方向，坚定不移地走"专精特新"之路，聚焦主业、苦练内功、强化创新，把企业打造成掌握独门绝技的"单项冠军"或"配套专家"，力争成为各行业的"隐形冠军"和"显形冠军"。中小企业不求在面上铺摊子，只求在点上突破；不求在数量上扩张，只求在质量上提升。着力培养各行业的尖子企业，这些尖子未必是全能冠军，但在个别领域、个别产品上能够做到"专精特新"，是掌握独门绝技的"单项冠军"或"隐形冠军"。

相较于大型企业，中小企业小而不精、多而不强的问题更加突出，在人才、资金、技术等方面处于劣势，多处于价值链的中低端，无力与大型企业抗衡，因此专业化、精细化、特色化、新颖化是其最佳战略选择，走专注的聚焦之路是必由之路，是推动中小企业由小到大、由大到强、由强变优的关键交汇点。

习近平高度重视中小企业，对中小企业发展做出了一系列重要指示批示，指出"我国中小企业有灵气、有活力，善于迎难而上、自强不息"，强调"中小企业能办大事"。工信部、财政部等六部门联合发布《加快培育发展制造业优质企业的指导意见》，提出构建优质企业梯度培育格局，目标是在"十四五"规划期间培育万家"专精特新""小巨人"企业和千家"单项冠军"企业。

近年来，我国涌现出了一大批"专精特新"中小企业，成为突破关键核心技术、提升产业链、供应链稳定性和竞争力的"独门绝技"。中国的中小企业正在循着以"专精特新"到"小巨人"，再到"隐形冠军"的战略路线图前行，"专精特新"是中小企业成长"三步走"的关键第一步。

中国经济发展呼唤隐形冠军企业的崛起。赫尔曼·西蒙教授是举世闻名的世界级管理大师，他在《隐形冠军：谁是全球最优秀的公司》一书中首次提出"隐形冠军"的概念。《隐形冠军》一书自21世纪初到中国，多次再版，广为传播，深得国内企业认同，越来越多的中国企业家对"隐形冠军"的概念耳熟能详。

所谓"隐形冠军"是指那些拥有全球领袖地位的中小企业，它们甚至拥有各自所在市场60%～90%的全球市场份额。中国和德国有许多相似之处，有深厚的制造基础和大量的中小企业，"隐形冠军"理论在中国有着广泛的应用前景。

中国培育一批聚焦主业、创新能力强、市场占有率高、专注于细分市场的"专精特新"企业，并促进这些"小巨人"企业逐步成长为"单项冠军"或"隐形冠军"企业的意义重大。只有培育和发展以"专精特新"为代表的优质中小企业，才会涌现出越来越多能够立足于世界的隐形冠军企业，有助于将优质中国制造业产品推向全世界。从"专精特新"企业的细分行业看，超60%属于工业"四基"领域，超70%深耕10年以上，超80%居所在省份细分市场首位，90%集中在制造业领域，具有小配件蕴含高技术、小企业支撑大配套、小产业干成大事业等特点，在产业基础高级化和产业链现代化方面发挥重要作用。[2]

德国、日本之所以经济发达，其中一个原因就是拥有大量的隐形冠军企业，中国中小企业的平均寿命仅 2.5 年，集团企业的平均寿命仅 7~8 年，跨国企业平均寿命为 11~12 年，世界 500 强企业平均寿命为 40~42 年，而隐形冠军企业的平均年龄是 71 年。对中国企业而言，聚焦"隐形冠军"之路，选择"隐形冠军"发展战略，应是小企业的"远方"、中型企业的"脊梁"和大企业的"考量"。

三、中国式"隐形冠军"的突起

中国经济发展需要更多的世界 500 强企业，也需要更多的分布在各个行业、各个领域的"隐形冠军"和"单项冠军"，这是中国经济发展的历史必然和内在逻辑。隐形冠军概念产生于德国，成长于世界各国，向德国和其他国家学习隐形冠军企业的理念和实操方法理所当然。世界各国是相互依存的，文化也是在相互依赖中共生发展的。世界文化水乳交融，没有文明的共存和文化的包容度，就不可能有人类文明的共同进步。中国企业的发展是一个学习借鉴和实践总结的过程。世界因文化多样而交流，因交流而借鉴，因借鉴而发展。

中国和德国有许多相似之处，比如都有深厚的制造基础和大量的中小企业（中国的中小企业数量超过 5000 万家）。德国的隐形冠军企业是中国中小企业发展的标杆。2018 年，时任国务院总理李克强在访问德国前夕，在德国主流媒体《法兰克福汇报》发表署名文章并指出："德国作为世界制造业强国和出口大国，之所以具有强大的国际竞争力，得益于开放包容的氛围和开拓创新的能力。以'工匠精神'著称的'德国制造'在全球市场有口皆碑，数不胜数的中小企业隐形冠军成绩斐然，'工业 4.0'成为开启'万物互联'进程的新标杆。""隐形冠军"思想的提出，是对德国企业乃至世界企业经验的总结，同时也为中国企业描述了可遵循的战略路径，给中国中小企业的转型升级提供了可借鉴的发展思路。

在全球化的浪潮中，中国企业要善于学习，海纳百川，有容乃大；兼收并蓄，博采众长。但是，在学习借鉴的过程中，中国企业要坚持实事求是的认识论和科学精神。实事求是是马克思主义的一种世界观和方法论，是一种科学的认知模式。实事求是就是一切从实际出发，不断把实践经验上升到规律性认识，发现真理，创新实践。

中国企业选择道路和发展模式也需要坚持实事求是的思想路线。中国的人口数量、市场规模、经济基础、发展阶段、经济体制等国情要素与外国企业有很大的差异性，走中国式隐形冠军之路是中国中小企业的最佳战略选择。所谓中国式隐形冠军，就是要坚持"专精特新"的发展道路，走"专精特新"之路是隐形冠军的中国化。中国式隐形冠军有如下几个特质。

（一）市场规模的差异

中国的发展速度和经济规模，非世界其他一些国家和地区所能比。根据国际货币基金组织（IMF）发布的数据，2022年，全球GDP排在前10位的国家如下。

① 美国：254645亿美元。
② 中国：181000亿美元。
③ 日本：42335亿美元。
④ 德国：40754亿美元。

⑤ 印度：33864 亿美元。

⑥ 英国：30706 亿美元。

⑦ 法国：27840 亿美元。

⑧ 俄罗斯：22153 亿美元。

⑨ 加拿大：21398 亿美元。

⑩ 意大利：20120 亿美元。

按照英国经济学家安格斯·麦迪森的计算，在公元元年，中国 GDP 占世界经济总量的 26.2%。1500 年，中国成为世界第一大经济体。1820 年，中国 GDP 占世界经济总量的 32.9%，远高于欧洲国家的总和。1870 年，中国 GDP 占比下降到 17.2%，1950—1980 年，中国 GDP 占世界经济总量约 4.5%。改革开放 40 多年来，中国经济迅速崛起，2022 年，中国占全球经济总量的约 18%，占美国 GDP 的 71.08%。

按外国研究机构预测，中国经济总量将在 2030 年前后超过美国。2008 年以来，中国对世界经济增量的年均贡献率在 30% 左右。全球各国经济变化的指数显示，中国人均 GDP 在过去 30 年增加了 30 多倍，其他国家如美国、德国、日本等大多数工业化国家都在 3 倍以下。2005 年，默克尔上任时，德国 GDP 约 2.8 万亿美元，2020 年达到 3.8 万亿美元，16 年其经济规模总量仅增加了 1 万亿美元。从 2005 年至 2022 年，中国 GDP 从 2.3 万亿美元增加到 18.1 万亿美元。

如果观察一些具体的细节，就会发现中国市场的潜力和取得的成就。中国在 2011 到 2013 年的短短 3 年间，消耗了大约 64 亿吨水泥，而美国 20 世纪的 100 年间，水泥消费量才 44 亿吨。30年前，中国道路上行驶的汽车有550万辆，现在是当时的500多倍，电动汽车数量世界第一。1986到1990年的5年间，中国自费出国留学人数为13万人，2020年仅在美留学生就近40万人。[3]

在市场规模和标准上，赫尔曼·西蒙认为，"隐形冠军"的市场规模必须在行业内位居全球前三、或是位列所在大洲第一。改革开放40多年来，中国经济迅速崛起，2022年，中国经济总量超过120万亿元，与整个欧洲相差无几，稳居世界第二大经济体，假以时日，中国将成为世界第一大经济体。2008年以来，中国对世界经济增量的贡献年均在30%左右。无论是规模还是增速，中国市场举足轻重，充满着机遇和活力。可以确立一个新的标准：只要是在中国市场规模做到第一，就可以称之为"隐形冠军"，中国市场规模和经济总量决定了隐形冠军企业的计量标准。

而且，中国的隐形冠军企业涉及面更宽、行业更广泛。中国的新经济和数字经济走在世界前列，以德国为代表的欧洲国家隐形冠军企业，主要分布在制造业。中国的隐形冠军企业，将来一定会在数字经济和服务业领域异军突起，发展到一定程度后可能成为"显形冠军"，由"隐形"到"显形"是一种发展趋势，"隐形冠军"和"显形冠军""单项冠军"相得益彰。

根据市场规模的特点，中国隐形冠军的评判标准也可以借用体育比赛的分级管理模式，设立世界冠军、中国冠军甚至省级冠军。达到赫尔曼·西蒙所设置的标准，称为"世界隐形冠军"；在中国市场规模做到第一，称为"中国隐形冠军"。现在国家评定的"单项冠军"和"小巨人企业",实际上很多是"世界隐形冠军"和"中国隐形冠军",这样就可以形成一种梯度集群发展格局,把数不胜数的"专精特新"和"小巨人"企业作为隐形冠军的后备力量,发展一批,晋升一批,培养一批,布局一批,从而构建隐形冠军生态圈。

(二)全球化水平的差异

赫尔曼·西蒙认为,隐形冠军企业实行经营专业化与市场全球化战略,产品经营是专业化的,市场开拓是全球化的。由于多数隐形冠军企业的产品是单一的,本国市场有"天花板",因此必须拓展国际市场,走全球化之路。德国为什么能够盛产隐形冠军企业,同时坚定走全球化之路?就是因为欧洲各国的市场容量较小,必须向外拓展市场。

近年来,德国隐形冠军扎堆中国发展。赫尔曼·西蒙撰文指出,只有在中国生产、研发并与当地政府合作,德国的隐形冠军企业才能保持世界一流水平。数据显示,目前超过一半的德国隐形冠军企业在中国拥有自己的分公司。仅在江苏省太仓市,就聚集了300多家德国企业,其中包含50多家隐形冠军企业。全球企业都看好中国市场,中国市场依然是跨国企业的不二选择。

不可否认,中国的中小企业也需要走向全球化。19世纪,英国主导了世界第一轮经济全球化。20世纪70年代末到21世纪初,世界又开始经历新一轮以美国为动力的经济全球化浪潮。中国以更加开放的姿态创办经济特区、加入WTO、建立世界贸易区(港)、启动大湾区建设、改善营商环境、适应外资准入前国民待遇加负面清单管理制度等，积极主动融入浪潮，并在融合开放中摆脱困境，跃升为世界第二大经济体，逐步走向世界舞台中央，跻身世界前列的诸多"中国第一"吸引了全球的目光。

中国提出并推动的"一带一路"倡议被认为是在开拓一种"新型全球化"。建立全球大市场并构建人类命运共同体，这是中国中小企业千载难逢的走全球化之路的大机遇，也是打造隐形冠军的绝佳舞台。它们经济成长空间巨大，产业互补性极强，未来前景无限广阔。中小企业必须坚定地"走出去"，利用发展时间差、产业更代差、人力成本差，发挥比较优势，以贸易为先，逐步布局产能，提高市场全球化率。

2021年10月24日，新华社发表的《十问中国经济》长篇述评中提道：部分国家逆全球化而动，叠加全球遭遇新冠疫情冲击，对全球产业链稳定和供应链畅通带来空前挑战。外部冲击下，供应链条越长，断裂风险也越大。越来越多的国家开始考虑兼顾生产效率和产业安全，全球供应链调整加速，谈及供应链，业界热词已由前几年的"低成本"，转换为如今的"复原力"。供应链本土化、区域化、分散化趋势更加凸显。"有限全球化的时代"将会维持较长的时间，中国面临的国际形势日益严峻。

因此，中国的中小企业走"隐形冠军"之路，必先立足并深耕国内市场，做深做透国内市场，以内循环为主体带动外循环，逐步拓展国际市场。中国企业与欧洲、日本、韩国、新加坡等国家或地区企业相比，区别在于走全球化之路是中国中小企业成为隐形冠军的重要条件，但不是**必要**条件。"海阔凭鱼跃，天高任鸟飞。"中国巨大的、潜在的和不可估量的内需市场将成为孕育隐形冠军的丰厚沃土。中国的隐形冠军是内外兼修并"以我为主"的隐形冠军，隐形冠军企业的全球化与本土化互动程度更高。

（三）行业分布的差异

"隐形冠军"是指不为大众熟知，但在某一细分领域占据领先地位的中小企业。在隐形冠军企业的认定上，不能把"隐形冠军"和"显形冠军""单项冠军"割裂开来，它们都是企业走"专精特新"道路的必然结果。中国的隐形冠军企业涉及的范围更宽。中国是世界上唯一拥有全门类工业体系的工业化国家。在制造业领域，中国将会涌现出一大批隐形冠军企业。

隐形冠军企业不一定都分布在制造业，随着新一轮科技革命和产业变革的迅猛发展，互联网、云计算、大数据、物联网、人工智能、生物技术、量子技术、深海技术、航天技术和核聚变技术等前沿科技将会改变人类的生产方式和生活方式，这些战略性新兴产业和高新技术产业中将会崛起一批隐形冠军企业。中国现代服务业在未来将会得到快速发展，无论是生产性服务业、消费性服务业，还是投资性服务业、外包性服务业，都会涌现不同类型的"隐形冠军"企业或"显形冠军"企业。

中国的新经济走在世界前列，以德国为代表的欧洲国家隐形冠军企业主要分布在制造业，中国的隐形冠军企业将来一定会在新经济和服务业领域异军突起。可见，中国的"隐形冠军"企业发展到一定程度后可能成为"显形冠军"，由"隐形"到"显形"是一种发展趋势，隐形冠军企业分布的行业领域更加广泛。

（四）竞争力的差异

20世纪80年代，德国与美国的经济总量相差很大，但德国的出口总量超过了美国，但在今天，就赫尔曼·西蒙看来，经历了30年的出口繁荣后，德国的隐形冠军正面临来自中国企业的强劲挑战。据德国科隆经济研究所2021年8月22日公布的最新报告称，中国制造产品在欧盟的进口份额占比从2000年的2.6%提升到2019年的9.7%。而"德国制造"则从2005年的最高值19.0%下降到2019年的17.0%。报告称，"中国制造"在欧盟进口的所有25个产品组中的比例从2000年的50.7%上升到2019年的68.2%，甚至高于德国的65.5%。

在经济效益上，中国的隐形冠军企业后来居上。2019年，我国统计局数据显示，前11个月中国规模以上工业企业总收入达95万亿元，但中国规模工业企业净利润率仅5.91%，其中隐形冠军企业的利润率却在30%以上，有些甚至达到了47%。可见，中国隐形冠军企业的盈利能力更具有竞争力。

在资本运作和技术研发上，中国隐形冠军企业上市的规模和速度远远超过其他国家的隐形冠军企业，并将资本市场获得的资金投入增长和研发中。相比之下，中国企业增长速度比德国企业快，研发人员数量是同等规模德国企业的4倍到5倍。同时，中国每年申请的专利超过百万件，中国隐形冠军企业在创新能力方面往往走在世界前列。德国纺织机械制造商卡尔迈耶集团首席执行官阿诺·格特奈尔曾感慨，卡尔迈耶集团过去15年的成功在很大程度上取决于中国。中国已连续5年成为德国最重要的贸易伙伴。隐形冠军未来能否延续"领跑",答案或许就在中国。[4]

在未来产业和数字经济发展潜力上,中国企业更具有优势。2008年金融危机以来,数字经济成为全球经济复苏的主要驱动力,并发展演化成为主要经济形态主体,从2012年到2022年,我国数字经济规模从11万亿元增长到50.2万亿元,数字经济占国内生产总值比重由21.6%提升至41.5%。《"十四五"数字经济发展规划》提出,到"十四五"末期,数字经济占GDP的比重将达到47%以上,"十四五"期间数字经济增长对经济增长的贡献达到80%。由此可见,未来数字经济将占据经济总量的半壁江山,成为经济增长的主要贡献者。数字经济发展速度之快、辐射范围之广、影响程度之深前所未有,正在成为重组全球要素资源、重塑全球经济结构、改变全球竞争格局的关键力量。

数字经济的发展与牵引,客观上需要和推动了企业数字化转型与创新。企业数字化转型的过程实质是从"工业化管理模式"向"数字化管理模式"的变革,通过将数字技术嵌套、引入现有企业管理各个流程和环节,推动信息结构、管理方式、运营机制、生产过程等相较于工业化体系发生系统性重塑,客观上要求企业打破传统工业化管理情形下的路径依赖,改变原有的企业管理思维逻辑,驱使企业生产管理趋向智能化、企业营销管理趋向精准化、企业资源管理趋向高效化,增强应对市场变化的敏感性和灵活性,使得企业的价值创造被重新定义和有效创新,能够带来企业管理范式乃至管理制度的颠覆式创新,进而推动企业成为数字化企业。数字技术的普遍应用和数字化转型，切实推动了中国经济和企业的高质量发展，中国在数字经济领域必将诞生一批隐形冠军企业。

在竞争能力上，中国隐形冠军企业最具备成为"独角兽企业"的潜质。独角兽作为神话传说中的一种生物，稀有且高贵。"独角兽企业"通常是指成立不超过10年的估值超过10亿美元的企业。近年来，"独角兽企业"如雨后春笋般不断涌现，2021年全球独角兽企业500强总估值为29436.05亿美元，相比2020年增长46%。

中国隐形冠军企业正在从"青春期"向"成年期"转变，比外国隐形冠军企业更具有活力，具备行业朝阳、增长速度较快等特征，代表了创新的力量。一旦中国隐形冠军企业跻身"独角兽俱乐部"，将成为国家科技进步与产业升级的独特标志。可见，中国隐形冠军企业的潜在竞争优势更加明显。

（五）文化精神和管理模式的差异

中外隐形冠军企业的差异，核心要义表现为文化精神和管理模式的差异。中国隐形冠军更具有文化精神的底蕴。风云激荡五千载，千折万曲终始流。中华文明是世界上唯一没有中断的最悠久的伟大文明，中国有着独特的孕育世界文明的"祖源文化"和"中和文化"基因，具有以国家为己任的民族精神和"以义制利"的商业经济伦理文化。在社会主义建设和改革开放的大潮中，中国特色社会主义思想深入人心，中国的治理模式得到世界大多数国家的赞赏和认同，中国制度和文化的优越性正在日益显现，道路无限宽广。中国式隐形冠军也必然是具有中国特色的"隐形冠军"。

无论是西方文明还是东方文明，都有共同的价值追求，同时也具有巨大的文化差异。同西方一些国家相比，中国人更强调"天下观"，这种"天下观"是一种集体主义，更强调集体主义精神。从集体主义观念出发可以看出，在义利观上就表现出了东西方文化的差异：西方文化偏重功利，利益是核心原则；中国文化更偏重道义，强调以义为本。当义利相冲突时，要舍利取义。新冠疫情期间，中国人表现出更强的组织性、纪律性和自律性。

由于文化的差异，必然形成不同的管理模式。中国企业的管理模式更注重人文性、情感性和伦理性；更注重激发"万众一心，同舟共济"的团结精神和集体的力量；更注重强化"自强不息，奋斗不止"的奋发精神；更注重员工的内心感受；更重视企业的思想建设、组织建设、团队建设、心理建设和人力资本管理，这些都是推动中国企业能够持续发展的、永不枯竭的源泉和磅礴动力。

千百年来，日本企业不断学习中国的文化精神。1717年创办的日本大丸百货商店，1736年由下村彦右卫门制定了家训"先义而后利者荣"，这句话来自荀子的《荀子·荣辱》。日本的长寿企业通常有一个家训："积善之家，必有余庆"，这句话取自《易传·文言传·坤文言》。被称为日本现代工业之父的涩泽荣一（1840—1931年），一生创办了500多家企业，从投身实业就把《论语》作为行动指南，号召日本人做一手拿《论语》、一手拿算盘的企业家，提出了义利合一的经商理念，著有《论语与算盘》，强调"既讲精打细算赚钱之术，也讲儒家的忠恕之道"。可见，中国式隐形冠军企业的文化根基更加深厚。

中国的经济增长和企业发展主要靠人，靠吃苦耐劳、勤奋坚毅的中国人；靠全民普及且不断提高质量的教育；靠具有现代技能的劳动者；靠人口红利向人才红利的转型；靠一代又一代中国人为梦想奋进；靠全体中国人凝聚起来的磅礴力量。这是中国企业依靠的最大的人力资本优势。

（六）政策和体制的差异

中国隐形冠军企业的发展已经得到政府的全面支持，加快培育专精特新企业、单项冠军企业和隐形冠军企业已然上升到国家战略层面，这是其他国家无可比拟的。2021年12月17日，工业和信息化部联合国家发展改革委、科技部、财政部等19个部门和单位发布的《"十四五"促进中小企业发展规划》明确提出，力争到2025年推动形成一百万家创新型中小企业、十万家专精特新中小企业、一万家专精特新"小巨人"企业；培育200个中小企业特色产业集群和10个中外中小企业合作区。

截至2023年7月，我国已累计培育专精特新"小巨人"企业1.2万余家，专精特新中小企业超9.8万家，创新型中小企业21.5万家，这意味着工业和信息化部发布的《"十四五"促进中小企业发展规划》提出的"到2025年培育1万家国家级专精特新'小巨人'"的目标将提前完成，优质中小企业梯度培育工作取得积极成效。近期各地区各部门出台了一系列培育支持中小企业专精特新发展的政策，这些政策针对性强、力度大，形成了从政府部门到相关机构的、全社会支持鼓励中小企业走专精特新道路的氛围，为中小企业的高质量发展蓄势添能。

中国企业正在沿着"专精特新"—"小巨人"—隐形冠军—"独角兽"的方向前行，极少数企业将成为"巨无霸"。数以千万计的专精特新企业将成为隐形冠军的巨大基数和阶梯，数以万计的"专精特新"企业具有成为隐形冠军的潜质，中国隐形冠军群体性崛起的格局将在世界的东方傲然形成。

赫尔曼·西蒙认为，德国隐形冠军是时候重新考虑它们的某些态度了。中国企业的增长速度更快、上市带来的财务实力更强、研发工作更加密集，德国隐形冠军们面临着来自竞争对手的非常大的挑战。在未来十年中，全球企业将在不断变化的条件下运营，将面临更大的不确定性和波动性。在这种情况下，隐形冠军企业需要发挥自身"敏捷性"的天然优势。

从长远来看，中国企业更重视企业的长治久安。当今发达国家企业的平均寿命长于中国企业，因为发达国家市场发育较早，中国的市场发育较晚，企业成长的时间很短。再过 30 年、50 年甚至 100 年，中国企业就可以充分显示生命力。"中国企业管理之治"是与中华文明的文化基因相契合的，也必然以这种文化根基为基础，更加长寿。

理论是灰色的，实践之树长青。理论的光辉靠实践砥砺，"隐形冠军"的思想必须结合中国企业的实际才有生命力。世界上没有两片完全相同的树叶，也没有两个完全相同的企业，同质化与差异化共存、个性与共性同在的事物普遍性规律在企业发展上同样适用。同一种理论，同一种方法，用于不同的企业，会有不同的结果，就好比"江南为橘，江北为枳"。

为此，中国企业家需要做战略性和哲学性的思考，在攀登"隐形冠军"高峰的道路上和实践中思考如何处理大与小的关系、专与博的关系、眼前与长远的关系、企业与行业的关系、区域化与全球化的关系、隐性与显性的关系、配套产业与终端消费品的关系、过程与结果的关系、坚守与创业的关系等。中国企业要艰苦求索，发扬光大，找到一条适合自己的道路，找到一种适合自己的方法，因时而变，因势利导，因企施策，创建中国式隐形冠军企业。

第二章

锻造中国式"隐形冠军"特质

锻造隐形冠军，需要强化冠军思维，塑造冠军文化，培育冠军心态。中国企业植根中国大地，必然与其所对应的历史文化和社会心理相契合。中国式隐形冠军必然有稳固的文化传统和心理基因作基础，必须具备应有的精神特质，这是中国式隐形冠军区别于外国隐形冠军的根本标志。

"求木之长者，必固其根本；欲流之远者，必浚其泉源。"打造中国式隐形冠军，需要追溯历史的长河，找到文化的源头和根脉，并吸收这种源头和根脉上衍生的文化精髓，这种文化精髓就是"中和文化"。中国人的认知模式、价值观念等以"中"为核心建构，"中"代表中心，"择中建都""择中建宫""择中建庙""择中建殿"的"求中"原则延续到了今天。

"求中""择中""用中"的核心概念是要求公平、公允、公正、不偏不倚。以"中"为主体，必然带来平衡协调，达到和谐，形成"中和"理念。中华文化的核心是"中"与"和"的有机结合。"中和"的理念强化了中华民族和国家的认同观念，成为中华五千年文明延续的黏合剂，把民族凝聚起来，把大家团结在一起，世代传承，连绵不绝。所以说，"中和"理念是中华历史文化的心理基因。

《周易·乾卦·象辞》曰："乾道变化，各正性命，保合大和，乃利贞。"意思是说，天道的大化流行，万物各得其正，保持完满的和谐，万物就能顺利发展。"大和"是指"普遍和谐"，包含着自然的和谐、人与自然的和谐、人与人的和谐以及人自我身心内外的和谐。本章讲述如何塑造中国式隐形冠军的文化基因和精神特质，从而保持基业长青。

一、嵌入中华民族精神

锻造中国式隐形冠军，必须嵌入中华民族精神。中华民族精神相较于其他民族精神更悠久、更博大、更深邃、更有生命力。黑格尔对民族精神有比较系统的论述，他在《历史哲学》中分析了世界精神的发展历程，认为最早出现的是东方精神，然后进展到希腊精神，再到罗马精神，最后发展至日耳曼精神。民族精神是在历史长河的积淀中形成的民族意识、民族习俗、民族性格、民族信仰、民族价值观等共同特质和心理状态，是一个民族共生共存的文化核心和灵魂。

锻造中国式隐形冠军是一条漫长的文化之旅，需要吸纳中国传统文化精神。一方水土养一方人。滚滚长江水、不竭黄河流、巍巍群山、万古江河、丹霞的红、雪山的白、湖海之蓝、沙漠之金孕育的中华文明，世代更替，绵长久远，塑造了中国人的性格、气质、观念、内在精神和风格迥异的生活方式。从夸父追日、女娲补天、羿射九日、大禹治水、精卫填海、愚公移山等颂扬奋斗精神的神话传说，到千百年来中国人表现出来的改天换地与战胜强敌的斗志，历经沧桑而自强不息的耐力，社会变迁而不溃散的凝聚力，体现了中华民族精神的代际传递。

几千年的文化凝聚锻造了中华民族"苟日新，日日新，又日新"的创新精神，"自强不息，奋斗不止"的奋发精神，"万众一心，同舟共济"的团结精神，追求"大同社会""天下为公"的理想精神。中华民族精神就是四种精神相互结合表现出来的一种民族心理面貌。这种中华民族精神应该嵌入隐形冠军企业中去，成为区别于外国隐形冠军企业的重要标志。

锻造中国式隐形冠军是一条充满荆棘的艰辛道路，漫长的长征需要弘扬中国革命精神。中国革命精神是中华民族宝贵的精神财富。

南湖红船的烛光照亮了神州大地，开天辟地和敢为人先的首创精神、坚定理想和百折不挠的奋斗精神、立党为公和忠诚为民的奉献精神等"红船精神"彪炳万代！

井冈山是中国革命的摇篮和中国革命道路的发端。毛泽东开创了一条适合中国国情的"农村包围城市"的革命道路，"星星之火"终成燎原之势。这充分体现了坚定执着追理想、实事求是闯新路、艰苦奋斗攻难关、依靠群众求胜利的井冈山精神。

1928年秋，毛泽东写下《西江月·井冈山》："山下旌旗在望，山头鼓角相闻。敌军围困万千重，我自岿然不动。早已森严壁垒，更加众志成城。黄洋界上炮声隆，报道敌军宵遁。"这首词生动刻画和展现了在敌强我弱的严峻形势下，"我自岿然不动"的临危不惧、从容应敌的英雄气概，以及"众志成城"的战斗意志。

1959年3月5日，谢觉哉初到井冈山时，诗赞井冈山："祝贺你以前是中国的第一山，今后永远是中国的第一山。"1962年3月，朱德重访井冈山时，挥毫题写"天下第一山"。这"天下第一山"的殊荣，蕴含着中国革命的巍峨力量和不朽精神。

长征行程约二万五千里，是一条在苦难中淬炼出的胜利之路。血战湘江，四渡赤水河、南渡乌江、巧渡金沙江、强渡大渡河、飞夺泸定桥、翻越夹金山，走过人迹罕至的草地、攻克腊子口、翻越六盘山，领略横空出世、大雪茫茫的莽莽昆仑，到达吴起镇。长征是人类历史上前所未有的伟大壮举。《七律·长征》中有云："红军不怕远征难，万水千山只等闲"，充满了藐视困难的坚强意志。"更喜岷山千里雪，三军过后尽开颜"体现了革命的乐观主义和充满胜利的信心。

肖华将军作词的长征组歌《过雪山草地》中写道："雪皑皑，野茫茫，高原寒，炊断粮。红军都是钢铁汉，千锤百炼不怕难。雪山低头迎远客，草毯泥毡扎营盘。风雨侵衣骨更硬，野菜充饥志越坚。官兵一致同甘苦，革命理想高于天。"这首歌曲体现了红军战士"一不怕苦，二不怕死"的革命英雄主义精神、乐于吃苦和勇往直前的革命乐观主义精神、善于团结和顾全大局的集体主义精神、对革命理想和事业无比忠诚的坚定信念，流芳百世，激励后人！

延安是中国革命和毛泽东思想发展成熟的圣地。滚滚延河水，巍巍宝塔山，延安塑造了中国的红色文化。贫瘠的黄土高原蕴含着巨大的精神力量，召唤着无数志士青年为了人民、为了中华民族奔赴延安，奔赴抗日战争第一线，奔赴革命根据地，奔赴胜利的远方！

抗美援朝体现了中华民族精神的精华，在中美力量十分悬殊和自然环境异常恶劣的情况下，志愿军战士身着单衣在零下三四十度的条件下作战。在长津湖战役中,有的整连编制坚守在阵地冻成冰雕,经过艰苦卓绝的战斗,最终赢得胜利。

《中国人民志愿军战歌》在中国大地回荡了70余年:"雄赳赳,气昂昂,跨过鸭绿江。保和平,卫祖国,就是保家乡。中国好儿女,齐心团结紧。抗美援朝,打败美国野心狼!"这首歌所表现出的不畏艰难困苦、英勇顽强、舍生忘死、视祖国和人民利益高于一切、为了人类和平与正义事业而奋斗的革命英雄主义精神、革命乐观主义精神、爱国主义精神、国际主义精神,惊天地,泣鬼神,成为中华文化的一个重要符号。

中国人民在建设和改革实践中创造了许多伟大精神。红旗渠精神、大庆精神、"两弹一星"精神、改革开放精神、特区精神、抗震救灾精神、抗洪精神、女排精神、航天精神、抗疫精神等闪耀着时代的光芒,都是中华民族精神的发扬光大。

抚今追昔,展望未来,要想凝聚中华民族复兴的心理动力,建设现代化强国,打造世界一流的企业和数不胜数的隐形冠军,中国企业需要守住初心,将中华民族精神融进血液中,渗透到骨子里,落实到行动上,继往开来,始于足下,用行动践行中华民族精神。中国共产党百年来塑造和积淀的精神,应成为中国隐形冠军企业的基本底色。

二、确立新型发展观

锻造中国式隐形冠军,需要发挥观念的先导和统领作用。观念在人的思想和心理中处于灵魂和统帅地位。人的思维方式、情感态度、生活方式、知识技能和行为方式的现代化都受到观念现代化的制约、支配和引导。邓小平在我国改革的实践中,始终如一地倡导解放思想和转变观念,把解放思想和转变观念看作改革最重要的内容,同时也把它看作改革的巨大动力。

锻造隐形冠军是立足于中华民族复兴、赶超世界先进水平的国际化竞争。中国企业必须建立与世界先进水平相匹配乃至领先的现代化思维和观念,尤其应视发展观念现代化为重中之重。

(一)发展的哲学观

锻造隐形冠军的道路艰难且漫长,迈向冠军之巅是一个系统工程,既要养血润燥、化瘀行血,又要固本培元、壮筋续骨。企业发展的系统性、整体性、协同性前所未有,必须是全面的、系统的联动和集成。让一切生产要素的活力竞相迸发,让所有员工创新热情和积极性的源泉充分涌流,让所有员工聚焦一个方向不动摇。为此,隐形冠军企业的发展需要哲学指导,需要确立现代哲学观。

毛泽东是一位大哲学家。1921年1月，毛泽东在给蔡和森的信中就明确提出："唯物史观是吾党哲学的根据。"毛泽东先后写下的《星星之火，可以燎原》《中国革命战争的战略问题》《矛盾论》《实践论》等哲学著作，闪烁着哲学的智慧和思想的光芒。陈云曾说，毛主席在延安时就要求他学哲学，毛主席非常高明的地方，就是用哲学思想培养了一代人。毛主席告诉他，犯错误不是经验少，而是思想方法不对头。后来，他把毛主席从井冈山到延安写的东西找来看，得出一条结论：凡是错误的结果都是由行动的错误造成的，而行动的错误是从认识的错误来的。认识支配行动，行动是认识的结果。

陈云提倡学哲学，最看重的是实事求是，追求主观认识符合十分复杂且在不断变化的客观实际。"不唯上，不唯书，只唯实。"他从哲学思想出发，提出了"交换、比较、反复"三种方法：交换，就是互相交换意见。每个人看到的都是片面的，如果交换一下意见，就会得到全面的、符合实际的认识。比较，是对各种不同意见进行多方面的比较，不仅要听正面的意见，还要听反面的意见，这样才能使判断更正确。反复，就是做决定不要太匆忙，要留一个反复考虑的时间。他说"交换、比较、反复"是辩证法，合起来就是唯物辩证法。正是根据自己一生成功和遭受挫折的切身经验，这位老人在晚年一再叮嘱后人：学马克思主义哲学，是思想上的基本建设。[5]

世界上万事万物都存在普遍的联系，刚柔相济、阴阳互补、奇正相生、进退有度、强弱互变、攻防互换，都体现了事物发展的全息性、全观性、全程性。用这种哲学思维看世界，就不会主观臆断，不再执着于一念，偏激行事，而是从矛盾中寻求平衡，从对立中找到统一，从冲突中找到和谐。李瑞环说："哲学是明白学、智慧学，学懂了哲学，脑子就灵，眼睛就亮，办法就多。"

锻造中国式隐形冠军，需要哲学的系统思维和"全周期管理"。20世纪50年代末至60年代初，钱学森在领导国防科研工作中提出了"总体设计部"思想，认为社会主义最大的优势就是能够充分发动各方力量来做一项大型尖端技术研制，在具体的国防型号任务中，他从项目总体提出如何分工、如何集成的整体思路，以及如何组织与管理实现整体思路，这种"总体设计部"思想在完成"两弹一星"工程任务和促进国防事业上发挥了不可磨灭的作用。

周恩来曾对钱学森说："你们那套方法能否介绍到全国其他行业去，让他们也学学？"20世纪80年代，遵照周恩来早年的嘱托，钱学森开启了"创建系统学"的探索。他把西方的"还原论"和东方的"整体论"融合起来，实现二者的辩证统一，形成了"系统论"的思想体系：既看得见树木，又望得见森林。国家运用总体论思想可以通过顶层设计进行全局性的统筹规划，通过宏观指导和整体施策提升国家治理能力，避免头痛医头、脚痛医脚、草率行事和短期行为，进行系统设计、长远规划，既有全局部署，又有重点推进；既循序渐进，又有重点突破。[6] "系统论"的哲学思维，对中小企业和隐形冠军企业的发展具有重要的现实指导意义。

锻造中国式隐形冠军，需要遵从和践行现代自然哲学观，加快形成绿色发展方式和生活方式。"天人合一"的宇宙观，是中国古代哲学的基本命题。中华文明历来强调天人合一、尊重自然、顺应自然。《道德经》说："人法地，地法天，天法道，道法自然。"顺应自然是人类不可抗拒的命运。2013年11月9日，习近平总书记在关于《中共中央关于全面深化改革若干重大问题的决定》的说明中指出："山水林田湖是一个生命共同体，人的命脉在田，田的命脉在水，水的命脉在山，山的命脉在土，土的命脉在树。"

生态环境保护和经济发展不是矛盾的对立，而是辩证的统一。经济发展不应是对自然资源和生态环境的竭泽而渔，生态环境保护也不应是舍弃经济发展的缘木求鱼。相得益彰，才能和谐共生。所以，隐形冠军企业要重视环境保护和生态安全，致力于建设生态型企业。

锻造中国式隐形冠军，需要遵从和践行新型世界观。世界观是一个人对整个世界的根本看法，包括自然观、社会观、人生观、价值观、历史观、坚定的信念和积极的行动。不同的国别、民族和社会群体也会形成对世界的共识和集体意识。

隐形冠军是在世界性的交流互动和竞争中产生的，不同的世界观将会对企业产生根本性的影响。中国人的世界观强调"协和万邦"。《上书·尧典》中说："克明俊德，以亲九族，九族既睦，平章百姓。百姓昭明，协和万邦。""协和万邦"引申到今天，就是让各个国家都能够相互尊重、相互合作、共同发展。

中国人的世界观历来奉行"以和为贵"。中国哲学的鼻祖老子主张"上善若水"，认为水滋润万物而不与万物相争，水的品性几近于"道",上善之人应如水之性,润泽万物,不与人争,低调做人。同时,孔子提出了"和而不同"的天下观,这种哲学智慧是当今人类可以借鉴的重要思想资源。

20世纪90年代,汤一介先生强调"和而不同"对当今世界人类发展有着重要意义,他认为"和而不同"可以作为全球伦理的一个原则,处理好拥有不同文明和传统的国家之间、民族之间、地域之间的关系。

世界观决定企业发展观。锻造中国式隐形冠军,就是要形成新型的国际化认知和全球治理思维方式。在全球化日益深入的大背景下,遵从并践行"和而不同"和"己所不欲,勿施于人"的思想,形成对于外来文化的包容度和融合心态,遵循"求同存异""协和万邦"的基本思路,着力参与推进更加开放的新型全球化。

（二）发展的大战略观

战略问题是一个企业的根本性问题。战略是对长期性、全局性、关键性问题的总体构想及实施的方法和策略。要成大事,需要格局。志向决定高度和广度,情怀决定深度,愿景引领未来。中小企业和隐形冠军企业要实现快速而又高质量的发展,就需要深远的战略布局、科学的战略决策、整体的战略运筹和坚定的战略执行,首先最根本的就是要确立新型的大战略观。

1929年,英国军事战略家利德尔·哈特出版《历史上的决定性战争》一书,认为大战略的任务是协调和指导国家的全部力量以便达到战争的政治目的,战略只看见战争的本身,而大战略则越过战争看到未来的和平，大战略理论包含"治国平天下"的全局性。大战略概念的提出，使得战略的制定不仅仅限于军事力量，政治、经济、科技、心理等非军事因素在战略中的地位愈发显要。大战略是一种总体战略思想。除军事战略要素外，国家战略还包含政治、经济、社会、科技和心理五大要素。

1973年，美国战略学家约翰·柯林斯在《大战略》一书中提出，大战略是在各种情况下运用国家力量的一门艺术和科学，是在一个发展阶段内对治国理政方略进行较大的转变，进行较长时间的战略布局，并使战略目标与战略能力相匹配。

"战略"一词在我国自古有之。在《左传》和《史记》中已有"战略"一词，春秋时期的《孙子兵法》是战略思想鼻祖之作，至今仍被许多企业人士奉为圭臬。西晋史学家司马彪也有以"战略"为名的著述。当时的词义是战略即战争谋略，或者指对战事的谋划。中国古代常以谋、韬略、方略、兵略等作为指导战争的艺术。

中国大战略思想的历史比西方更加悠久，是大战略思想的发源地，且影响深远。现在能够考证的兵书数以千计，如《孙子兵法》《吴起兵法》《尉缭子》《孙膑兵法》《鬼谷子》《六韬》《黄石公三略》《诸葛武侯兵法》《孙子略解》《淮南子·兵略训》等。在漫漫的历史长河中，由于历史文化的积淀，中国形成了"以计为首、谋略制敌、奉行智慧加力量的逻辑"的东方文化特色，强调谋略，强调智慧。"攻心为上，攻城为下。心战为上，兵战为下""三军可夺气，将军可夺心"都是中国战略思想的结晶。中国历代战争，几乎都是谋略战和心理战的运用。比如齐鲁长勺之战、楚汉成皋之战、新汉昆阳之战、袁曹官渡之战、吴蜀夷陵之战、秦晋淝水之战，这几场战争是典型的心理战和谋略战。

始于《孙子兵法》的大战略思想对中国和世界影响深远。《孙子兵法》的"全胜""先胜"思想是中国大战略思想乃至全世界大战略思想的发端，对战争的认知，超越了军事领域，跳出战争看战争，跳出军事看军事，认为战争的正义性和民众的心理支持是获得胜利的根本条件。"故经之以五事，校之以计，而索其情：一曰道，二曰天，三曰地，四曰将，五曰法。"什么是道？"道者，令民与上同意。可以与之死，可以与之生，而不畏危也。""道"讲的就是具有正义性，上下同欲、官民同心，民心所向，正道才能得到人民的拥护、支持和爱戴，失道就失去了民心的支持。正义必然战胜邪恶。

《孙子兵法·谋攻篇》提道："夫用兵之法，全国为上，破国次之；全军为上，破军次之；全旅为上，破旅次之；全卒为上，破卒次之；全伍为上，破伍次之。是故百战百胜，非善之善也；不战而屈人之兵，善之善者也。"全胜就是保全、全面、全部、周全、非暴力，以万全之策力争以最小的代价获取全局性的理想胜利。不战而胜，少战多胜，聚小胜为大胜，这就是《孙子兵法》的全胜思想。

如何做到全胜？孙子曰："故上兵伐谋，其次伐交，其次伐兵，其下攻城"。衡量取胜的基本原则，就是能使敌军完整无损地降服于我为上策，完全依靠武力击溃敌人便是下策；百战百胜不是最高明的，最高明之处在攻城之前削弱、瓦解敌人，做到不战而胜。诸葛孔明巧设空城计，以镇定自若的气势震慑对手，仅凭一己之力退敌，可谓"不战而屈人之兵"的典范。"不战而屈人之兵"是《孙子兵法》的最高战略思维境界，是大战略的核心思想。

战国时代的合纵连横也体现了大战略思想。秦国经过商鞅变法而强大，其他六国因强秦的崛起而团结，这就是诸国对抗一国的合纵连横。秦国雄踞西部，六国土地南北相连，称为合纵；秦国和六国是自西向东，所以叫连横。另外，合纵就是联合弱国共同抵制强国，连横就是联合强国制衡第三国。秦国在合纵连横中掌握了战略主动权，各个击破，天下归秦。秦朝的建立，影响了中国几千年的封建统治格局。

毛泽东是一位气吞山河、运筹帷幄的大战略家，擅长围城打援、围而不攻、隔而不围、游击战、运动战、诱敌深入、大迂回的战略。他所著的《论持久战》就是一种大战略思想，被誉为世界十大军事名著之一。《论持久战》发表以后，在国内外引起了强烈的反响，从思想上武装和影响了无数人。

毛泽东一生创造了无数奇迹，遵义会议后的"四渡赤水"和转战陕北是奇迹中的奇迹。遵义会议是党的历史的转折点，转战陕北对于中国共产党具有锁定乾坤的意义。1947年春，蒋介石不惜一切代价占领延安。毛泽东主动放弃延安，坚持不过黄河，率领转战的中央纵队800多人，以"蘑菇战术"，与胡宗南部在陕北高原盘旋打转。经过五战五捷，拖垮胡宗南的20多万精兵，达到了牵制敌军之目的。

1947年7月在小河召开会议，毛泽东决定主力全部转入外线，从战略防御转入战略进攻。小河会议是解放战争处于战争转折关头的一次重要会议,这次会议为形成"中央突破,两翼牵制"的战略进攻态势创造了条件。1947年8月7日,刘伯承、邓小平大军乘国民党军合围圈将拢未拢之际,隐蔽突然南进,开始了千里跃进大别山的壮举;陈毅、粟裕率华东野战军外线兵团挺进豫皖苏;陈赓、谢富治兵团挺进豫西。三路大军相互策应,在黄河与长江之间的广大地区,形成了一个"品"字形的战略态势,使中原地区由敌人进攻解放区的重要后方,变成人民解放军夺取全国胜利的前进基地,把战争引向"蒋管区"。

毛泽东转战陕北一年,全国战场形势发生了根本性变化,大决战时机已经到来。"它是站在海岸遥望海中已经看得见桅杆尖头了的一只航船,它是立于高山之巅远看东方已见光芒四射喷薄欲出的一轮朝日。"在此,毛泽东于1948年3月决定东渡黄河,去迎接革命胜利的新曙光。

大战略思想随着时代的变迁,不断形成、拓展、跃升,其战略价值不断显现。当今世界,大战略研究从传统的军事安全向非传统安全领域渗透和深入。如何解决人类共同面临的人口、环境、贫困、能源、粮食、移民等问题,赢得国家、经济与社会的繁荣和可持续发展,逐步成为时代的主题。20世纪60年代,企业战略研究开始得到重视,1965年,安索夫所著的《公司战略》具有代表意义。

大战略观就是一种前瞻性的战略思维。早期,美国是全球电动汽车的主导者,令人不可思议的是,2003年7月,美国洛杉矶好莱坞永恒公墓聚集了一群人为电动汽车举行"葬礼"。1996年,福特公司推出电动汽车EV1。然而由于种种原因,到了 2002 年，福特公司决定收回所有 EV1，于是就有了这场电动汽车的"葬礼"。在此情况下，我国要不要发展电动汽车？当时学术界、行业界和政府都认为，随着锂离子动力电池技术的进步，电动汽车仍然是可期待的一个发展方向，新能源汽车是我国汽车产业发展的必经路径，需要保持战略定力，坚持战略引领。为此，国家科技计划支持了新能源汽车科技攻关，制定了 2012 年至 2035 年的技术发展路线。

时至今日，中国新能源汽车处于全球领先水平。2023 年 1 月至 10 月，中国新能源乘用车销量达到 1120 万台，同比增长 41%；新能源乘用车占比世界新能源 62%，其中 10 月中国占比份额 67.5%。试想，中国新能源汽车如果没有当时的前瞻性思维和全局性的布局，也就不可能有今天的丰硕成果。

战略环境决定战略选择。面对纷繁复杂的国际格局和经济形态，中国的隐形冠军企业需要确立大战略思想——站得更高、看得更远、辨得更全、认得更准，要有"不畏浮云遮望眼"的高瞻远瞩，要有"登泰山而小天下"的磅礴气势，有"功成不必在我、功成必定有我"的战略胸襟，从而确立新的战略发展观。

三、培育冠军心态

人是万物之灵，心是人之本。改变命运的最大力量来自"心"的力量，锻造隐形冠军需要培育冠军心态，砥砺冠军的意志和决心。

心态决定命运。英国文学家狄更斯有一句名言：一个健全的心态，比一百种智慧都更有力量。美国著名心理学家马斯洛也强调心态的重要性：心态改变，态度跟着改变；态度改变，习惯跟着改变；习惯改变，性格跟着改变；性格改变，人生跟着改变。

隐形冠军企业的领导者需要具备怎样的个体心态？企业应该具备怎样的群体心态？

（一）积极进取的心态

积极心态是锻造隐形冠军的必要条件。塑造积极心态，首先就是要去除消极心态，填补弱项，克服自身的劣根性，防止消极心理固化，优化心理结构，减少负能量。

锻造隐形冠军，就是要去除消极心态，在员工的心灵中种下积极的因子，培养积极进取、开放包容、自尊自信、理性平和的心态。

积极心理学是关心人的优秀品质和美好心灵的学科，也是基于构建幸福人生和幸福生活的学科。2004年,加拿大心理学家彼特森和美国积极心理学家塞利格曼概括出人的6大美德和24种优秀品质,具体如下。

智慧与知识——包括创造力、好奇心、开放性、好学、洞察力。

勇气——包括勇敢、毅力、正直、活力。

正义——包括社会责任感、公平、领导力。

仁慈与爱——包括爱、仁慈、社交智慧。

修养与节制——包括宽恕、谦虚、谨慎、自我管理。

心灵的超越——包括美的领悟、感恩、乐观、幽默、信仰。

他们认为这些美德和优秀品质是推动人类发展和社会进步的积极心理要素。[7]

1988年4月,美国哥伦比亚大学霍华德金森博士发表了题为《人的幸福感取决于什么》的毕业论文,他向市民随机派发了一万份问卷后,先后收回了5200余张有效调查问卷,发现仅有121人认为自己"非常幸福",其中有50个成功人士,71个平凡的人。平凡人中有家庭主妇、农民、小职员、流浪汉,他们性格迥异,物质需求不高,但平淡自守,安贫乐道,享受寻常生活。霍华德金森的研究结论是:世界上有两种人最幸福,一种是淡泊宁静的平凡人,一种是功成名就的杰出者。

20年后,霍华德金森回访了当时这些自感幸福的121人。71个平凡人中除两人去世外,剩下的69人不论跻身成功人士的行列,还是过着平凡的日子,甚至生活十分拮据,都依然觉得自己非常幸福。50个成功人士中9人选择"非常幸福",23人选择"一般",16人因事业受挫选择"痛苦",两人选择"非常痛苦"。通过研究,霍华德金森发表了题为《幸福的密码》的论文,总结出新的结论是:靠物质支撑的幸福感不能持久,只有心灵的淡定宁静,继而产生的身心愉悦,才是幸福的真正源泉。

人生的终极目标是获得幸福。什么是幸福？幸福就是人们对自己所追求的事物感到满意,是一种主观感受,是一种心理现象。幸福＝效用(所得)/欲望。人的一生有两件大事:满足欲望和节制欲望。人为什么不幸福？究其客观原因,如家庭变故、事业受挫、法律风险、生意不顺、贫穷、居住环境不佳、就业状况不良、人际关系紧张、婚姻变故、健康出问题等。究其主观原因,如攀比心增强、期望值增高、物欲放大、需求层次低、价值观混乱、信仰缺失、知识贫乏、社会比较偏差等。

大量的心理学研究证明,仅有物质财富不可能获得完全真正意义上的幸福。有一利必有一弊,"失之东隅,收之桑榆。"人要获得幸福,就得管住欲望,培育积极心态。

迈向"隐形冠军"之路是一条充满荆棘之路,成功的道路上充满了挑战和风险,正如古语"人生不如意十之八九"所说。如何面对挫折？在挫折面前不屈服、不气馁,愈挫愈勇,就会产生积极心态,激发出积极的力量。如果意志消沉,颓废沮丧,一蹶不振,就会产生消极心态,造成人生的挫败。

《论语》曰:"仁者先难而后获。"孟子云:"故天将降大任于斯人也,必先苦其心志,劳其筋骨,饿其体肤,空乏其身。"王阳明把人的历练比喻成炼金:"譬之金之在冶,经烈焰,受钳锤,当此之时,为金者甚苦。"一定数量和一定强度的挫折能使人增加知识才干，培养其坚强的意志、克服困难的毅力和对周围环境的适应能力。培养员工的积极心态，就是要调适挫折心理，强化员工的"耐挫力"和"复原力"。

没有伤痕累累，哪来钢筋铁骨，英雄自古多磨难。培植积极心态就是要普遍提高员工的幸福感、获得感、耐挫力和复原力。人改变不了客观环境，但可以改变自己。要想成为"冠军"，立足于世界潮头，就需要从调适员工内心入手，建立起自己的价值体系，用积极心理驱散精神阴霾。

（二）开放包容的心态

锻造隐形冠军需要厚植开放包容的心态。中国地处东方，人口众多，地域辽阔。西边有青藏高原、昆仑山脉，北边有蒙古高原，东临大海，黄河、长江贯穿东西，气候多样。热带、亚热带、温带、寒带等气候条件下孕育了不同的生产方式和生活方式，培植了中国人"和合南北、泽被天下"的包容心理。

在国际社会联系日益紧密的今天，在全球化不可逆的历史条件下，在不同人类文化和文明的碰撞中，培育包容心态需要国际化视野，要以更加开放的胸襟，以推动人类进步的深厚情怀吸收各文化之长，求同存异，包容互鉴，相向而行，融合发展。

西方文化曾经创造过辉煌。文艺复兴运动是西方第一次思想解放运动，主张幸福生活，倡导个性解放，释放人的欲望。恩格斯高度评价文艺复兴运动的历史作用，曾说道："它是一次人类从来没有经历过的最伟大的、进步的变革，是一个需要巨人而且产生了巨人——在思维能力、热情和性格方面，在多才多艺和学识渊博方面的巨人的时代。"[8]

启蒙运动是在人文主义的基础上发生的第二次思想解放运动。它反对封建专制主义和特权主义，宣传自由、民主和平等的思想，试图用理性之光驱散黑暗，开启民智，把人们引向理性与光明。

始于18世纪60年代的英国工业革命，历经一百年时间，是人类历史上第一次大规模的生产技术变革、生产方式变革、效率变革和质量变革。用机器操作代替手工劳动、大机器工业代替手工业、机器工厂代替手工工场，用机器制造机器，实现了机器制造业机械化的工业化跃迁。英国工业革命的影响波及整个西欧和北美，并扩展到东欧和亚洲，不断掀起世界整体化的工业化高潮。

对待西方文化，中国的隐形冠军企业需要以扬弃的精神，合理吸纳有用的文化成分。

崇尚科学是西方普遍认可的哲学观和价值观。西方人的思维长于创新，精于科学。在经济和技术方面，中国曾遥遥领先。"为什么近现代科技革命和工业文明，没有诞生在当时世界技术与经济最发达繁荣的中国？"李约瑟之问唤醒了中国重新确立新型科学发展观的意识。

隐形冠军企业需要强化科学意识，提高警觉性和危机感，激发创新精神，扬长避短，加大自主创新，迅速实现赶超。近10年来，中国的创新能力和创意成果令世界刮目相看。德国《经理人杂志》刊登了经济作家扎克·迪奇特瓦尔德的文章，其中指出中国创新迅速崛起有一个常常被忽视的重要原因——"中国人接受新技术的意愿"。近30年，中国各个领域的变化比世界任何国家都迅猛，中国人对新技术的接受能力比其他国家要强。

"谦虚使人进步，骄傲使人落后。"只有善于学习一切有用的东西，吸纳最先进的经验，探索最前沿的知识领域，在学习中借鉴，在借鉴中发展，砥砺前行，才能成为强者，登上冠军的"宝座"。

当今，跨文化联系更加紧密，隐形冠军企业必须以开放包容的心态向别人学习：学创新、学精益制造、学质量文化、学资本市场管理经验、学设计。只要是有利于企业发展的，只要是可以帮助企业成长进步的，都可以学习借鉴。

（三）勇于"亮剑"的心态

冠军心态就是强者心态，冠军思维就是胜者思维。只有提高心理强度，才能够成为真正的强者；只有勇于面对面地搏击，运用胜者思维，才能够到达胜利的彼岸；只有敢于挑战困难，韬略在胸，审时度势，统揽全局，才能走好冠军之路。

"隐形冠军"是世界级冠军，攀登世界行业之巅要敢于冲刺，敢于"亮剑"。隐形冠军企业需要具备"英雄气概"。2019年，任正非表示华为正处在"危亡关头"，公司已启动"作战模式"，他要求全体人员积极工作，力争完成销售目标，以度过危机。他在邮件中说："如果你认为自己不适合这个岗位，可以下岗让道，让我们的'坦克'开上战场；如果你想上战场，可以拿根绳子绑在'坦克'上拖着走，每个人都要有这样的决心！"

他还在邮件中说："现在公司处在危亡关头，第一是号召大家立功，第二是尽快把优秀人员选拔上来，增加我们组织的'活血'。"他表示："绝大多数员工应心静如水，做好本职工作。""通过3～5年时间，华为一定会换一次'血'。""当我们度过最危急的历史阶段，公司就会产生一支生力军。"[9]

2021年10月29日，华为正式成立"五大军团"，开启"成规模作战"模式，并"让听得见炮声的人来决策"。在成立大会上，任正非发表演讲："我认为和平是打出来的，我们要用艰苦奋斗、英勇牺牲打出一个未来30年的和平环境，让任何人都不敢再欺负我们。我们在为自己，也在为国家，日月同光、凤凰涅槃、人天共仰，历史会记住你们的！等我们同饮庆功酒的那一天，于无声处听惊雷！"风萧萧兮易水寒！不破楼兰终不还！

电影《战狼2》上映后，一直维持高票房。其实，"战狼"一词被赋予的含义早已超出电影本身，更象征着蕴含在中国人内心深处的民族自尊心的觉醒。《长津湖》电影一经上映，深受广大观众喜爱，尤其是年轻人，这表达了国人对"亮剑精神"和民族血性的尊崇。

（四）敢攀高峰的心态

只有敢于攀登，才能成为强者。强者是对时代的引领，是自强不息，是作风顽强，是对阴暗的荡涤，勇于挑战困难。

2020年，潘建伟、陆朝阳等中国科学家以强者心态屹立在世界量子技术的高峰，成功构建76个光子100个模式的量子计算原型机"九章"，比日本的"富岳"超级计算机快100万亿倍，比谷歌的超导比特量子计算原型机"悬铃木"还要快100亿倍。

2021年10月26日，人民日报刊文，中国科学院量子信息与量子科技创新研究院科研团队在超导量子和光量子两种系统的量子计算方面取得重要进展，使我国成为目前世界上唯一在两种物理体系达到"量子计算优越性"里程碑的国家。

这次光量子计算研究团队取得了更重大的突破，把之前的"九章"光量子计算机的76个光子增加到113个，构建了113个光子144个模式的量子计算原型机"九章二号"，处理特定问题的速度比超级计算机快亿亿倍，并增强了光量子计算原型机的编程计算能力。

中国科学技术大学教授陆朝阳表示：超导量子比特与光量子比特是国际公认的有望实现可扩展量子计算的物理体系。量子计算机对特定问题的求解超越超级计算机——即量子计算优越性，是量子计算发展的第一个里程碑。潘建伟教授展望：下一步希望能够通过4~5年的努力实现量子纠错，在使用量子纠错的基础之上就可以探索用一些专用的量子计算机或量子模拟机来解决一些具有重大应用价值的科学问题。

隐形冠军企业需要具备强者心态，要有高远的愿景期待和使命担当。1989年，加里·哈默尔和普拉哈拉德在《哈佛商业评论》提出战略意图的概念，指出："过去20年达到世界领先地位的公司，最初都具有与其资源和能力极不相称的雄心壮志。我们将这一令人着迷的事物定义为战略意图。"赫尔曼·西蒙认为隐形冠军企业需要具备一颗燃烧的雄心。法国19世纪前期积极浪漫主义文学的代表作家维克多·雨果说过："世上有一种东西比所有的军队都要强大，那就是恰逢其时的一种理想。"企业做多大、活多长，取决于企业家的追求、胸怀、境界和愿景期待。

愿景通常是企业未来10年、20年甚至更长期要努力奋斗达到的目标，往往体现了企业对产生价值链的思考和定位，富有挑战性，带有纲领意义和感情契约意义。愿景是发于内心对预期未来最真切的愿望，源于自身的世界观、人生观和价值观。愿景是理想，愿景是梦。

愿景对企业的发展具有巨大的牵引作用。1939年，在一个烟雨蒙蒙的下午，美国洛杉矶郊区有个没有见过世面的15岁少年约翰·戈达德，将自己一生想干的大事列了一张表，题目为"一生的志愿"。他写下了人生的127个目标，如探险尼罗河、亚马逊河、刚果河、科罗拉多河、中国的长江、委内瑞拉的奥里诺科河；学习刚果、新几内亚、巴西、澳大利亚、肯尼亚、菲律宾、埃塞俄比亚、尼日利亚的文化；攀登珠穆朗玛峰、阿空加瓜峰、麦金利山、瓦斯卡兰山、乞力马扎罗火山、亚拉拉特峰；造访世界每个国家和地区；学会跳伞、游泳、滑雪、柔道；穿越世界十大徒步路线之一；环球航行四次；参演电影《人猿泰山》；读莎士比亚、柏拉图、亚里士多德、狄更斯、梭罗、爱伦坡、卢梭等名家的作品；活到21世纪等。

从此，戈达德开启了伟大的探险家和目标实现者的传奇生涯。他于2013年5月17日离世，在89年的生命历程中，经历了无数次生死考验，最后实现了110个目标，实现了大部分的梦想。他的人生格言是："要敢于去做，恐惧就是失败。"戈达德的身上，体现了理想和愿景的力量。

隐形冠军企业要想攀登世界行业高峰，就必须具备卓越的成就感。一个民族，一个国家，在激烈的竞争中能否立于世界民族之林，从心理因素分析还要看国民是否具备积极进取、勇于开拓、励精图治、追求辉煌、不折不挠、勇攀高峰的成就感。一个企业能否冲刺"隐形冠军"，从企业领导者到员工都需要具备卓越的成就感。卓越的成就感是现代人的主要特征之一。

培养员工的成就感需要建立完善的竞争机制，如功绩制度、职业流动制度、评价考核制度、荣誉奖励制度，并把个人获取的成就与工资、晋级、提升、荣誉等利益诱因连接在一起，在企业中造就崇尚成功并容忍失败的风尚和氛围，提高员工的自信心和期望值。

（五）崇尚英雄的心态

崇尚英雄是冠军心态的最本质特征。只有崇尚英雄，才能成为英雄。不想当冠军的企业不可能成为行业的冠军。

2015年9月2日，习近平总书记在颁发"中国人民抗日战争胜利70周年"纪念章仪式上讲道："一个有希望的民族不能没有英雄，一个有前途的国家不能没有先锋。"英雄是一个民族昂扬精神的象征，是崇高精神品格的化身，是彰显民族风骨和气节的脊梁，是人们美好理想的寄托。英雄文化蕴含着对英雄的历史认同、价值认同和情感认同，是一个民族、国家的精神长城。

传承英雄精神、弘扬英雄文化、培养英雄心态是时代对隐形冠军企业的要求和召唤。

培养英雄心态,需要向中国人民解放军学习。人民军队是一支能征善战、功勋卓著的英雄军队,英雄文化始终是构筑我军强大凝聚力、向心力、战斗力的重要文化支撑。英雄文化是培育优秀军人的丰沃土壤,成为我军建设发展中最具生命力的活性因子。我军发展史上有许许多多不顾自己而勇赴急难的英雄,正如司马迁《报任安书》所说:"常思奋不顾身,而殉国家之急。"全军挂像英模林俊德就是这样的人,他一辈子隐姓埋名,52年坚守罗布泊,参与了中国45次核试验任务。"死在戈壁滩、埋在青山头"的奉献精神,为后人所敬仰。

培养英雄心态,需要向"时代楷模"学习。"时代楷模"就是时代的英雄。英雄就在你我身边,伟大出自平凡。英雄,不过是普通人拥有一颗伟大的心。他们很平凡,但他们的至善、大爱、勇敢和担当无时无刻不在激发向上、向善的精神力量,凝聚社会前行的力量。已故的黄令仪,被誉为"龙芯之母"。从二极管、三极管、大规模集成电路,到中国自主研发设计的第一枚CPU芯片,黄令仪见证并参与了中国微电子行业从无到有的发展历程,在中国计算机核心器件领域做出了突出贡献,在一些关键技术方面,打破了西方的封锁。她曾说过一句话:"我这辈子最大的心愿就是匍匐在地,擦干祖国身上的耻辱。"

"共和国勋章"获得者张富清是一位战功显赫的战斗英雄,立过特等功一次、一等功三次,荣获两次"战斗英雄"称号,退役后扎根基层,深藏功名,用自己的朴实纯粹、淡泊名利书写了精彩人生。"感动中国人物"张桂梅凭自己的力量,改变了1800多个女孩的命运。"感动中国人物"黄大发立下"水过不去,拿命来铺"的誓言，带领200多名群众历时36年，在绝壁上凿出一条长9400米、跨3座大山和3个村庄的"生命渠"，结束了当地长期缺水的历史。

"天地英雄气，千秋尚凛然。"崇尚英雄才会产生英雄，争做英雄才能英雄辈出。"为草当作兰，为木当作松。"中国企业需要厚植一种崇尚英雄的心态，营造敬重爱惜英雄的企业风尚和团队氛围，形成追崇英雄、争当英雄的群体自觉性，唱响为实现冠军梦而不懈奋斗的正气歌。

四、塑造企业家的精神特质

企业家精神是塑造隐形冠军的源泉和动力。企业家精神是企业家的灵魂。中国企业家精神是我国经济社会发展的宝贵财富和重要战略资源。当代中国经济发展史也是一部企业家的创业史。

中小企业要想做大做强，需要具备五大战略要素：强势品牌、技术优势、资本运作能力、整合社会资源能力和优秀企业家与管理团队。中小企业在品牌、技术、资本、资源整合能力等方面难以形成真正的优势，其突破口就在于企业家自身的综合素养和竞争能力的提升。当代企业竞争的关键取决于企业家精神和素质的竞争。

1800年，法国经济学家理查德·坎蒂隆首次提出"企业家"的概念。约瑟夫·熊彼特是20世纪受推崇的经济学家之一，他首先提出"创新"学说，是第一个论述企业家精神的经济学家，他认为"破坏性创新"是企业家精神的重要特征。

要想成为隐形冠军，中小企业的领导者需要经历一场自身革命，企业家"立魂"，企业"立神"。中小企业和隐形冠军企业的领导者需要具备怎样的精神特质呢？概括起来，要做到以下几点。

（一）政治要强

企业家要心怀"国之大者"。《左传》记载，"国之大事，在祀与戎。"此后数千年，朝代更迭，兴衰成败，国之大纲、国之大柄、国之大政，有"惟刑与政"，有"莫先择士"，也有"财赋者"。企业家要用大历史观思考面向未来的"国之大者"，确保立场不移、方向不偏，不断提高政治判断力、政治领悟力和政治执行力。老子说："政善治，事善能，动善时。"意思是政务要善于调治，要善于认识和遵循客观规律，积极主动做事，并善于掌握时机，顺势而为。

政治判断力是一种观察大势、认识本质、明辨是非、预测风险和有效决策的战略认知力，体现了政治智慧。因此，要求企业家不断提升思想高度和战略格局，培育前瞻性和预见性思维，见微知著，及时化解风险。

政治领悟力是一种对上级决策意图领会和觉悟的"政治情商"，是一种行动自觉。企业家要提高政治敏感度和敏锐性，对"国之大者"了然于胸，找准自己的定位，明确自己的职责，做到协调一致，同频共振。

政治执行力就是知责于心、担责于身、履责于行的行动力和坚持力。企业家要有令则行，有禁则止，不搞"上有政策、下有对策"，严格遵守党的政治纪律和政治规矩。企业家要贯彻党中央精神，不折不扣，坚决果断，抓好贯彻落实。企业家要强化问题导向意识，做到常备不懈。企业家在实践中，要事先防备意外之事，提高化解矛盾的能力。

企业家提升政治"三力",最根本的要义就是坚持道路自信、理论自信、制度自信、文化自信,做到"共筑中国梦,永远跟党走"。

(二)情怀要深

企业家需要具备爱国家、爱社会、爱人民的情怀,首先需要具备爱国情怀。国家承载着无数人的情感脉络,构成了人们共同的精神心灵家园。爱国主义精神是中华民族的根与魂,是中国人民自强不息的力与本。

在民族构成中,语言可以变化,地域可以变化,共同经济生活条件可以变化,但是人的共同心理素质是民族构成中最长久、最具生命力的要素,随着时代的变迁愈益重要。主体意识在一代又一代中国人的血液中流淌,就像《我的中国心》所唱的:"洋装虽然穿在身,我心依然是中国心。"

企业营销无国界,企业家有自己的祖国。《晏子春秋·内篇·谏上》有云:"利于国者爱之,害于国者恶之。"企业家必须把自己的命运与国家命运紧密联系在一起,与国家发展共兴衰,主动为国担当、为国分忧。国是根,企业是枝,根繁才能枝茂。

企业家爱国有多种表现形式,首先是励精图治,兢兢业业,办好一流企业,以实业报国。张謇把爱国、报国作为一生的追求,被习近平总书记喻为"中国民营企业家的先贤和楷模"。1894年,张謇41岁高中状元,毅然放弃功名仕途,回到家乡南通创办实业。他将一生所获财富奉献于当地的教育文化事业,为南通教育总计投资 257 万两白银，独自或参与创办各类学校近 400 所，形成了较为完整的近代教育体系。

中小企业和隐形冠军企业的领导者要争当"张謇式"人物，打造卓越企业，担当社会责任，把做强实业作为人生的使命，要有"咬定青山不放松"的专心致志，不见异思迁，能抵挡诱惑，始终聚焦主业，心无旁骛，专注于产品开发、质量变革、技术创新、团队建设和企业效益的全面提升，用实业报效祖国。

企业家的情怀需要有温度。IBM 创始人托马斯·沃森说："企业必须自始至终把人放在第一位，尊重员工是成功的关键。"洛克菲勒说："我不会无视雇员的存在，会认真看待他们。准确地说，在我脑子里，始终把为我卖命的雇员摆在第一位。"

企业家的温度可以是炙热如火，大江东去；也可以是汩汩暖流，细雨润物。企业家的温度一定蕴含着深邃情感，下面讲述一位企业集团董事长的亲历故事。

故事一：在低谷时的激励更宝贵

我刚到集团时，有位领导因为一些问题被免职，正在等待分配，其心情之沮丧和精神压力之大可想而知。要过春节了，我对他说："你原来的人脉关系广，这些关系都是集团的宝贵资源，你过年可以和他们多走动走动，该坐一坐的就坐一坐，不要一个人闷在家里。"

春节后上班第一天，按照惯例，我和集团领导都会到各个部门拜个年，大家拱手作揖，互道祝福。当我们走到这位领导办公室门前时，见房门紧闭，无声无息，不像其他房间的门都大开着，欢声笑语。

这时有的同事就暗示我不要过去，我说："不可以，要给他拜年。"我立即前去敲门，这位领导开了门，我和班子的成员一起走进去，我非常真诚地说："过年了，我和集团各位领导给您拜年！祝您在新的一年万事顺意！"接着，大家都一起表达了对他的祝福。这位领导当时没有说更多的话，只是和我们每个人紧紧地握了手。

后来，上级明确了这位领导的工作。在一次集团领导班子民主生活会上，他在发言中讲起了这件事，说着说着就泣不成声。他说，"你们不知道，在那个时候，哪怕是一句问候的话，甚至一个真诚的眼神，都让我感到极大的安慰和鼓舞。"

我对很多人说，人生不可能一帆风顺，谁都有高峰，也可能有低谷，越是在低谷的人，我们越要理解他的心情，越不能忘记他的贡献，越要给予尊重。

故事二：离开的人还要不要发放奖金

集团为了上市，聘请了资本运作能力很强的小陈来投资部任副总监。在整个上市过程中，小陈发挥了很好的作用，对集团上市做出了重要贡献。上市成功后没过多久，小陈提出辞职。他也很坦率，承认是四川一家企业请他去当副总，给的待遇很高，还给股份。我劝他集团上市后还会有很多资本运作的事，照样可以发挥作用，个人发展空间也很大，因为我们毕竟是传统商业，资本运作的骨干很少。但是他说那边的机会难得，还是要去。

我见他决心已下，就说："好吧，既然这样那就去吧。"他说："我会按原来签的劳动合同约定赔偿集团。"原来在聘用他时，劳动合同中有一条："在聘用期内，如果本人提出辞职，要赔偿集团两万元人民币。"我想了想说："不要用辞职的方式，用协议离职的方式吧，这样就不用给集团赔偿了。"小陈很感动，一再表示感谢。

过了一段时间，集团研究上市的奖励问题。在会上我提出："如果投资部的陈副总监没有走，他应不应该获奖？奖多少？"人力资源部门说当然应该奖，他的贡献是明显的，应该奖五万元。我说："那现在还应不应该给他这个奖金？"有的同事就说，现在不用给了，辞职是本人提出的，集团还用协议离职的方式免了他应该赔偿给集团的补偿金，在协议上也明确不存在任何经济遗留问题和纠纷。

我说："我的意见是要给，因为他为企业做出了贡献。凡是为集团做出贡献的，集团都不能忘记。这不仅仅是对一个人的奖励问题，而是对整个团队、全体员工的态度问题。"经过充分讨论，大家最后决定奖励他五万元奖金。小陈怎么也没有想到，竟然在离开集团后还收到了奖金，非常感慨，他说："这就是咱们集团的文化！"企业对员工负责，只有尊重员工的贡献，这样人才才有希望。

这两个故事是有温度的，也是有情怀的。

企业家的情怀既要深厚，又要细腻；既要关心员工的物质利益，又要注重员工的情感需求；要锦上添花，更要雪中送炭。企业家的情怀是要有温度的，在顺利时给予鼓励，在困难时给予支持，在员工最需要的时候能贴近他们，走到他们的心中去，产生情感共鸣。优秀企业家应该有超越利润之上的追求。

（三）思维要新

企业家需要具备创新思维。开拓创新是社会发展的动力，创新是企业家的基本素养。"敢为天下先"是战胜风险挑战、实现高质量发展特别需要弘扬的品质。

当今世界正经历百年未有之大变局，科技创新是其中一个关键变量。从历史的角度观察，美国和欧洲的一些国家，以及日本、韩国都是靠科学创新和技术进步促进了生产力的极大提高。

改革开放以来，神州大地涌动着创新的春潮，席卷社会每个领域和每一个人的心灵世界，"创新"被提到前所未有的高度。创新范围从"技术创新"逐步扩展为"知识创新""制度创新""理论创新""治理创新"等。创新成为第一推动力，创新文化内化于心、外化于行，创新发展成为中国进步的重要战略。

《周易·系辞上》有云："富有之谓大业，日新之谓盛德。"中国的先贤们把"每天都在创新进步"视为一种"盛德"。企业发展布满了"无人区"和"沼泽地"，企业家要以挺身而出的豪迈和舍我其谁的精神敢闯敢试。

强化企业家的创新精神和培养企业家的创新人格，需要提高其洞察力，磨炼其发散思维、聚敛思维和直觉思维，要有"草摇叶响知鹿过、一叶易色而知天下秋"的见微知著能力，能够透过现象看本质，做到眼睛亮、嗅觉灵、见事早、行动快，克服不辨真假的麻痹症，同时还要在挫折失败中坚持、坚持、再坚持。

中国工程院院士王坚，原来是一位心理学博士，进入阿里巴巴公司以后，提出"阿里云构想"。当时，同行人士都不看好"阿里云"，公司内部无几人支持。几年过去，项目不断烧钱，质疑声四起，大批工程师纷纷出走，王坚几乎是孤军坚守，在困顿中实现了凤凰涅槃，使阿里云成为行业翘楚。灵感从不来到无准备的头脑，只有保持对创新的执着和创新思维，怀揣一颗永不放弃的心，像大漠中不倒的胡杨，才能破解混沌，拨开云雾，柳暗花明又一村。

（四）视野要广

企业的经营管理是一部百科全书，企业开拓市场游走天下，处事涉及方方面面，这就需要企业家拓宽战略视野，把客户装在心中，把社会装在心中，把世界装在心中，把历史和未来装在心中，还要把科学装在心中。

中小企业和隐形冠军企业的领导需要具备科学的理性思维，摆脱"凭经验、靠感觉"的传统思维模式。依据科学知识，探究市场规律、技术前沿和行业趋势；依据代际更替变化规律，探究一代又一代员工的新型管理教育方法；依据产品和技术的迭代效应，做好战略储备和长远规划；依据世情、国情和自身发展条件，走好自己的路，做出自己的特色。

拓宽企业家的视野，就是要依据多学科的知识储备完善自身的科学人格，学会用多学科的眼光看待和推进企业的发展；用经济学的眼光看待企业的经济效益和利润最大化；用管理学的眼光注重企业的制度建设和团队管理；用战略学的眼光高瞻远瞩、全局在胸、把握机遇；用心理学的眼光透视员工的心灵世界，实现人性化管理；用哲学的思维辩证地解决企业的困难和矛盾。科学精神和科学素养能够帮助企业家"在岩石崩裂时看见缝隙中的光"，迎光而上，变危为机。

（五）人格要正

企业家的人格决定自身的命运。企业家的人格所发挥的是正向力量，是支撑企业发展的信念和奋发精神。高级指挥官就是要在茫茫黑暗中发出自己的微光，带领队伍继续前进。在企业前进的道路上，企业家需要闪烁人格的光芒。

其一，奋斗自强。《周易》中"天行健，君子以自强不息"的理念传颂至今，激励中国人刚毅坚卓，发愤图强。在几千年历史长河中，中国人民始终革故鼎新、自强不息，开发和建设了祖国辽阔秀丽的大好河山，开拓了波涛万顷的辽阔海疆，开垦了物产丰富的广袤粮田，发展了门类齐全的产业，形成了多姿多彩的生活。唯奋斗者进，唯奋斗者强，唯奋斗者赢得未来。奋斗，已经成为中国人的精神底色和生活方式。华为"以奋斗者为本"的企业文化造就了一支敢打硬仗的"铁军"。

其二，诚实守信。《孟子·离娄章句上》中说："诚者，天之道也；思诚者，人之道也。"它强调"诚"是客观规律和社会准则，追求"诚"是为人的准则。儒家学说强调"仁义礼智信"

的"五德","诚信"是中国传统文化的核心要素。人无诚信不立,企业家无诚信就无法在社会和市场中立足。企业家要面对广大的消费者、供应商和方方面面的社会人士,没有诚信寸步难行。

其三,利他爱人。企业家是组织的管理者、协调者和引路人。企业家不是"超人",而是善于"结网"的"蜘蛛人"。从农业社会进入工业社会,在数字化和智能化时代,企业发展的前提条件取决于合作的广度和深度,擅长合作和利他共享是企业家人格的精华,众多实践经验反复证明:只有为他人考虑才能够成功。

日本企业家稻盛和夫在世界企业界具有举足轻重的地位,他一生的经营哲学和座右铭有机地吸纳了中国的传统文化,这体现在"敬天爱人"。所谓"敬天",就是按事物的本性做事,即客观规律。所谓"爱人",就是按人的本性做事,即利他。人类是命运共同体。只有为别人考虑才有大格局、大胸怀,才能更好地得到社会的回报。

孟子告齐宣王曰:"君之视臣如手足,则臣视君如腹心;君之视臣如犬马,则臣视君如国人;君之视臣如土芥,则臣视君如寇雠。"你怎么对待别人,别人就怎么对待你。人是平等的,对待和取舍是相互的。自私自利的企业无法在社会立足,一个没有奉献精神的企业领导者谈不上是一个真正的企业家。

其四,忠诚厚道。中国传统文化历来主张"以忠为本"。东汉马融在《忠经》中提出:"天之所覆,地之所载,人之所履,莫大乎忠。忠者,中也,至公无私。天无私,四时行;地无私,万物生；人无私，大亨贞。"可谓天下至德，莫大于忠。忠诚，是一种优良品格、一种崇高信仰，是人与人之间最基本的诚信。忠诚是企业家必须具备的基本人格特征，要做到言行一致，表里如一，人前人后一样，不当"两面人"。企业家要有"亦余心之所善兮，虽九死其犹未悔"的忠贞情怀和坚定心志，忠于家人，忠于所爱的人，忠于组织，忠于社会，忠于国家，不讲假话，不搞虚功。企业要忠于客户、忠于市场，不欺骗消费者，不对社会隐瞒，不损害国家利益。

（六）自律要严

"吾日三省吾身""人贵有自知之明"都是中国古代对自律的要求。企业家的成长是自我管理的过程，主要靠的是自觉、自律，靠的是自我超越。有的企业难脱兴衰的周期，难脱败局，重要的一点就是缺乏正确的自我认知，缺乏理性的自律，丧失了自我批判精神。企业做大了，一些企业家的心理随之变化：自以为是，刚愎自用，从自我到自大，从自大到自我膨胀，再到自狂；盛气凌人，为所欲为；藐视一切，决策随意；判断飘忽，大胆冒进；挡不住诱惑，管不住欲望；坚信"心有多大胆，地有多高产"，无限扩张等。这种张狂型人格的企业家丢失了初心，忘掉了来时的路，必然犯大错，出大问题。这也应验了《古今贤文》中的一句话："天若欲其亡，必先令其狂。"

企业家要珍惜自身的荣誉，对社会规范和道德要求有敬畏感，做到慎独、慎初、慎微、慎欲，自重、自省、自警、自励，经得起权力、金钱等考验，老老实实做人，踏踏实实干事；严格遵纪守法，强化底线思维，坚持合规性和保守性；诚信守法，不越"雷池"一步，不踩"钢丝"，不走"边缘"；加强道德和法律修养，做遵纪守法的表率，带动企业乃至全社会道德素质和文明程度提升，为构建法治社会做出自己应有的贡献。

（七）作风要硬

企业家的职业生涯充满了风险，有着极大的起伏性。企业成长需要经历无数次的磨炼，企业发展历程充满了变数。就像自然界一样，有多少繁花满枝，又有多少落叶飘零，庭前花开花落，天上云卷云舒，海上波涛浪涌。投一个项目能否赚钱，难以预料；企业能否持续发展，往往超越自身能力的把控，企业家具有强烈的飘忽不定感。没有甘冒风险和承担风险的勇敢、坚毅和魄力，就不可能成为一个真正的企业家。

比尔·盖茨认为，成功的首要因素就是冒险。企业家要以顽强的作风和冒险精神在逆流中勇开"顶风船"，狭路相逢勇者胜。正如《孙子兵法》所云："故其疾如风，其徐如林，侵掠如火，不动如山，难知如阴，动如雷震。"其意指军队行动迅速时就像疾风，行动舒缓时就像森林，进攻时如烈火迅猛，防御时如山岳岿然，隐蔽时就像乌云蔽日，冲锋时如同雷霆万钧。

顽强的作风是在困难和风险中锻造的。企业家需要在困境中磨砺韧性、耐力和坚强的战略意志，需要培养勇敢坚毅的人格品质。锲而不舍，金石可镂。人在事上练，刀在石上磨。衡量一个人成功的标志，不是看他登到顶峰的高度，而是看他跌到低谷的反弹力。

伟大都是熬出来的——很多企业家都曾如此说，但只有那些真正"熬"过的人，才理解"熬"的滋味。《说文·火部》曰："熬，干煎也。从火，敖声。"下为火部，即文火慢煮，这更需要耐力、忍受、忍耐、坚持。"敖"有昂扬与向上之意，"熬"就是在煎熬之中昂首挺胸。2023年8月9日，比亚迪第500万辆新能源车正式下线，在发布会现场，硬汉王传福几度哽咽，百感交集：第一个100万辆新能源车量产用了13年；第二个100万辆新能源车量产用了1年；第三个100万辆新能源车量产用了半年；再9个月后，比亚迪突破了全球新能源车企量产纪录——500万辆。这一杰出成就，就是比亚迪用20年时间熬过来的。

因此，中小企业和隐形冠军企业的领导者需要在风雨中壮筋骨、长才干，要信念如磐、意志如铁、勇往直前、敢打硬仗。

（八）行事要稳

企业家需要刚性的一面，激情似火；也需要柔性的一面，以柔克刚，以智克力，以迂为直。刚柔相济是军事将领的素养，也是企业家必备的人格特质。《孙子兵法》有云："将军之事，静以幽，正以治。"静指沉着镇定；幽指深谋远虑；正指公正无私；治指条理井然。"静若处子，动如脱兔"。静的时候镇定自若，动的时候如兔子一般飞跑。企业家需要兼备勇猛、柔和、灵活、兼容、善变的人格特性。

企业家永远是一个充满激情的人，这是人格魅力之所在，也是企业成长潜力之所在。一方面，心中没有一团火，没有激情，就没有创新，就不敢于冒险。另一方面，激情必须和理性相融合，沉着冷静，慎思笃行。孙子曰："主不可以怒而兴师，将不可以愠而致战……怒可以复喜，愠可以复悦，亡国不可以复存，死者不可以复生。故明主慎之，良将警之。此安国全军之道也。"国君不可因一时之怒而发动战争，将帅不可因一时之愤而出阵求战，愤怒可以重新变为欢喜，气愤可以重新变为高兴；国亡则不能复存，人死不能复生。这是国君和良将安定国家和保全军队的基本原则。[10]对企业家来说也是如此，不可因为情绪冲动而导致事业的失败。

企业的持续成长主要依靠两种人格力量：激情的力量和理性的力量。企业家需要实现激情和理性的完美结合。企业初创时期需要更多的激情，但真正进入较为成熟和系统的成长阶段，需要建立组织理性和依靠团队力量。企业在市场竞争中要快、准、狠，企业内部管理要有更多的柔性和人性化。企业经营要有艺术家的直觉、感性、洞察力与天赋；管理要有科学家和哲学家的规范、严谨、专注与理性。企业做到一定规模后，需要领导者稳重决策、理性经营、统筹管理。

企业家杨树仁被誉为缔造隐形冠军企业传奇的人，为把"隐形冠军"理念植入团队，他力图用自然界最朴素的现象解释"隐形冠军"理念。他多次去肯尼亚非洲大草原，发现豹子凭借特点猎取中型食草动物，获得最肥美的食物，是动物界的"隐形冠军"。在去东南亚学习的过程中，他感悟了"榕树精神"：榕树是乔木之最，独木成林，围绕主树干，最大的树冠覆盖面积数十亩，树枝可长出黑色的根须直垂地下，当它扎入土中时，又成为树干，让人叹为观止，是植物界的"隐形冠军"。他借豹子和榕树的特性，达成了团队"豹子道、榕树法"的共识，"隐形冠军"的活法和精神逐渐融入公司发展基因。

五、弘扬革命领袖的风范

培养企业家精神，勇攀"隐形冠军"的高峰，需要汲取革命领袖的智慧，弘扬革命领袖的风范。历史唯物主义告诉我们，人民创造了历史。但在人类发展的长河中，领袖人物在某一个时间段和时代转折关头，往往起到加速历史进程或改变历史的巨大作用。毛泽东作为中国共产党、人民军队和中华人民共和国的主要缔造者，是中华民族实现伟大复兴的关键的人物。正如邓小平所说，"没有毛主席，至少我们中国人民还要在黑暗中摸索更长的时间。"同时，毛泽东身边汇聚了一批大智慧、大格局的英雄群体。

老一辈无产阶级革命家的团结合作，为我们树立了光辉的典范。20世纪的50年过往，毛泽东与周恩来以如椽之笔改写了中国和世界的历史，两人的配合在世界政治史上难寻其二，成为一种政治美学。他们在出身、经历、性格、气质、思维方式、知识结构、爱好特长等方面有着广泛而明显的个性心理差异。

毛泽东富于激情，举重若轻，统筹全局，善谋战略；具有气吞山河的气势、开天辟地的革命豪情、纵横捭阖的大战略胸怀、非凡盖世的军事指挥才能、博古通今的历史和哲学思维、浓厚的理想主义色彩和深邃的民族情怀、诗人和大艺术家的灵性顿悟等独特的领袖性格和气质。

周恩来富于理智，举轻若重，洞明世事，善达人情，胸怀博大，机智幽默，智慧和人格魅力超群；外交才能异常出色，擅长管理大小事务，经略万端，周到细致，追求极致，具有浓郁的现实主义色彩和高超的战略执行力。

毛泽东和周恩来彼此相知各自的个性。毛泽东认为周恩来高风亮节，从不拉帮结派，精明能干，办事极负责任。毛泽东多次称赞周恩来是个"好管家"。建国前夕，中央人民政府的主要人员配备尚未确定，毛泽东说："恩来是一定要参加的，其性质是内阁总理。"1949年12月2日，他在给柳亚子的信中写道："周公确有吐握之劳。"[11]

与此同时，周恩来视毛泽东为理想的领军式"帅才"，善于见微知著，统揽全局，化解主要矛盾。在重大的历史转折关头，他的军事和政治韬略总能拯救革命于危难之中，使革命屡屡柳暗花明。周恩来最早羡慕钦佩毛泽东的卓越军事才能，后来又充分认识到毛泽东在政治和国家治理上的驾驭统筹能力。1943年8月，他在回到延安的演说中说："没有比这三年来事变的发展再明白的了。过去一切反对过、怀疑过毛泽东同志领导或其意见的人，现在彻头彻尾地证明其为错误了。""我党二十二年的历史证明：毛泽东同志的意见，是贯穿着整个党的历史时期，发展成为一条马列主义中国化，也就是中国共产主义的路线！"[12]这表明了他对毛泽东发自肺腑的赞赏和认同。

这种由相知产生的相互依赖，使他们之间的智慧才能和性格互补获得了更为坚实的基础。埃德加·斯诺说过："他们两人的关系，最恰当的说法是，你中有我，我中有你。两人的工作作风和性格为人，相差很大，但毛同周相辅相成，共事37个年头，彼此信任，又相互依赖。"[13]

朱德和邓小平是两位很重要的历史人物，他们有各自不同的领袖风范、性格特点和心理面貌，对中国革命、社会主义建设和改革开放产生了巨大的影响。朱德一生忠诚厚道、勤俭简朴。被誉为"红军之父"的他，在外国记者中却是一个"老农民"形象。当时访问过延安的记者根瑟·斯坦因写道："八路军总司令朱德将军，兵士们敬爱那个六十岁的老农民，像父亲一样。"[14]毛泽东的一句口头语是："没有朱，哪有毛。"毛泽东在延安时对朱德最精当的评价："度量大如海，意志坚如钢。"毛泽东1956年推荐邓小平当中共中央总书记时评价说他"比较有才干，比较能办事"，"这个人比较顾全大局，比较厚道，处理问题比较公正"。毛泽东后来称赞邓小平"人才难得，政治思想强"。[15]

孟子曰："国以人兴，政以才治"。在波澜壮阔的革命历程中，党内凝聚和依靠一批各具鲜明特点的卓越人才。毛泽东独具慧眼，对老一辈革命家的个性、能力、特点察识于胸，并知人善任，性格互补，融合群体的智慧和能力，创造了英雄辈出的历史佳话。中国革命的胜利，在很大程度上得益于领袖集体所焕发出来的高超智慧和内在力量。

第三章

聚焦专业化之路

道路决定命运。邓小平提出的中国特色社会主义道路，使改革开放取得了"惊动世界"的辉煌成就。习近平新时代中国特色社会主义思想指引中国特色社会主义道路越走越宽广，使中国从"富起来"到"强起来"。

对广大中小企业和隐形冠军企业而言，专业化与多元化道路选择的正确与否决定企业的兴衰存亡。漫无边际的多元化扩张必然带来灾难性的后果，聚焦专业化是中小企业和隐形冠军企业的最佳战略选择。

一、科学把握战略转折点

中小企业发展到一定程度,由于内外因素的制约,需要适度延伸产业链,是选择专业化延伸,还是多样化延伸?这里就有一个战略选择问题。想要解决好这个问题,就需要科学地把握企业战略转折的方向、时机、重点和必要性。

中小企业要想长治久安,就需要充分认识企业的生命周期,正确把握企业的战略转折点,适时调整企业发展的战略方向。伊查克·爱迪斯是美国颇有影响力的管理学家之一,他曾用20多年的时间研究企业发展、老化和衰亡的生命历程,创立了企业生命周期理论。他认为企业发展就像人的成长一样,有一个生命的周期。企业生命周期包括三个阶段、十个时期(伊查克·爱迪斯的企业生命周期示意图见图3-1):成长阶段(包括孕育期、婴儿期、学步期、青春期)、成熟阶段(包括盛年期、稳定期)、老化阶段(包括贵族期、内耗期或官僚化早期、官僚期和死亡期)。每个阶段都孕育着成长的境遇,也面临着死亡的威胁。

企业生命周期曲线可以延续几十年甚至上百年,而实际上很多企业没有走完这条曲线就消失了。伊查克·爱迪斯认为:"成长和老化既不取决于企业大小,也不在于时间长短。百年老企业仍可灵活如初，年仅十岁的企业却可能官僚无比。"[16]

英特尔公司前总裁安迪·格鲁夫全面系统地阐述了战略转折点的思想。他在《只有偏执狂才能生存》一书中多次论述战略转折点。什么是转折点？数学上，当曲线的斜率变化比率开始改变符号，比如由负转正的时候，就遇到了拐点。物理学上的转折点，是指凸面线转化为凹面线的那一点。

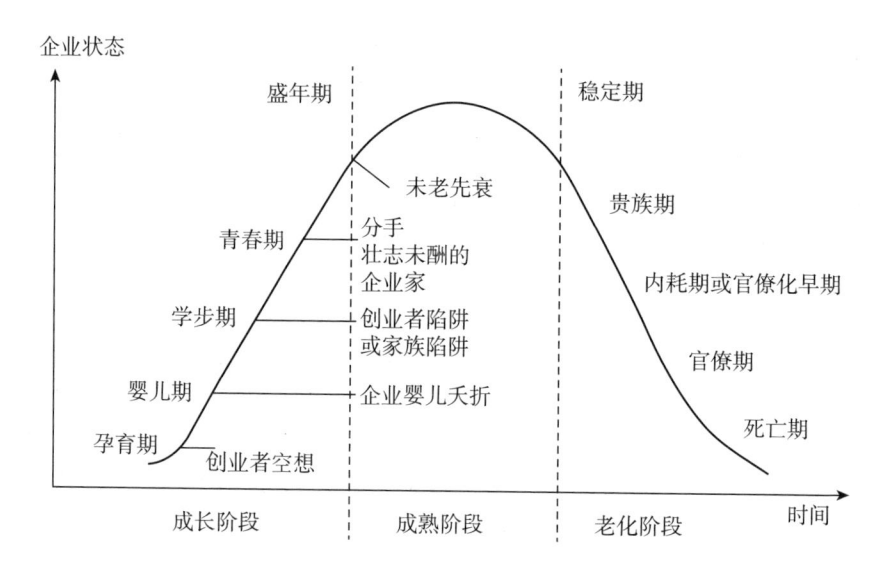

图 3-1　爱迪斯的企业生命周期示意图

企业何时面临转折点呢？在转折点中何时采取战略行动？格鲁夫认为，所谓转型的黄金时刻，就是现有战略仍然有效，企业业绩仍在上升，然而"雷达"屏幕上却出现了值得警惕的重要光点的那一时刻，就应该把资源转到新领域。

在转折过程中，企业家如何选择战略方向？格鲁夫认为，明确前进的方向万分重要：我们追随什么和不追随什么。企业家要表现出对该战略方向的兴趣，积极关注与新方向相适应的各个细节情况，从不适应新方向的行业上收回注意力、精力和投资。企业家要像强力磁石吸引铁屑一样，尽量把决定、心愿和见解向外铺开一定的范围，使下属伸手可及。[17]

宝洁公司于1837年成立，至今已有180余年历史，有过无数次战略转折，仍保持了旺盛的生命力。2020年，宝洁公司营业额达676.84亿美元。它长寿而强大的秘籍在于：稳健地驱动产品、市场、用户、组织的战略转型，找准起点、目标、环境和路径的战略方向，确立"先画靶子，再打枪，最后开炮"的战略决策和执行过程，聚焦"任何情况下，都必须满足的条件是什么"这个核心问题，始终专注一个战略点。

华为在激荡的时代潮流中，历经一次又一次的战略转型。华为在初创时期，遵循的是"农村包围城市"的发展战略。1998年前后，华为启动了第二次战略转型，实施"差异化的全球竞争"战略。华为的第三次战略转型是从单纯面向运营商，到向运营商、行业客户、企业客户三个不同的BG业务领域进发。很少有企业能同时服务于三种不同类型的客户群，而华为成功了。

对于如何促进企业稳健和持续发展，最为关键的一点就是能够科学把握战略转折的时机、节奏和路径，并根据企业的外部战略环境和内部现实条件果断做出战略抉择和付诸战略行动。

正确把握企业的战略转折点，需要具备大战略视野，需要学习毛泽东的大战略思想。毛泽东在指导中国革命战争过程中，在每个关键的战略转折点，总能从战略布局去谋划战役，从全局去谋划最具有决定意义的关键环节、要害部位，做到牵一发而动全身。1937年中国工农红军改编为八路军，拉开了全面抗战的序幕，是一个战略转折点。抗日战争期间，毛泽东提出了"持久战"思想，将抗日战争划分为三个阶段：战略防御、战略相持、战略反攻，又是一个战略转折点。1947年由战略防御转向战略反攻，将主力挺进"蒋统区"，也是一个战略转折点。1949年，毛泽东提出"宜将胜勇追穷寇，不可沽名学霸王""将革命进行到底"，还是一个战略转折点。20世纪50年代初期，美国侵略朝鲜，毛泽东毅然决然排除各种干扰，决定出兵朝鲜，提出"抗美援朝，保家卫国"，也可以视为一个战略转折点。经历无数次战略转折，使中国革命从失败走向胜利，从胜利走向更大胜利。

中小企业和隐形冠军企业将面临很多战略转折点，从宏观上看，中国经济正处于重大战略转型阶段，经济体制在变，市场环境在变，管理模式在变，消费结构在变。从企业内部而言，有的企业面临二次创业，有的正在转向第三次创业，面临很多战略瓶颈。企业要想生存下去，就需要延续自己的"生命线"。当企业步入成熟期的时候，面临两条道路：第一，通过技术市场和管理创新使原有产业升级到另外一条上升曲线——提升；第二，将企业引导到新兴行业——转型。

改革开放40多年来，中国企业的转型重组可分为四个时期：第一个时期是从20世纪80年代中后期开始的起步期，企业转型走的是一条半行政化的路子；第二个时期是从20世纪90年代初期开始，企业进入半市场化的整合时期；第三个时期是20世纪90年代末至21世纪初，中国企业进入全球市场化的重组整合期；第四个时期是近 10 年来，中国企业进入产品、市场、技术、资本全面整合的提升时期。

当下，企业面对的是一个大变革、大转型、大调整的时代。对于如何顺应这个大时代，有一个不可忽视的，甚至是影响成败的问题需要企业做出决断：专业化与多元化的战略选择。

二、专业化与多元化的选择

在中国企业界,关于专业化和多元化的优劣问题一直存有争议。企业在本行业发展到一定程度以后,是沿着本行业继续走下去呢,还是迈向别的行业?世界上很多企业走专业化道路做得很成功,有的走多元化道路也做得很辉煌。那么,走哪一条道路更适合中国企业,尤其是中小企业呢?

（一）何谓专业化与多元化

什么是专业化企业和多元化企业?世界上衡量的标准不一样,通行的看法是:企业某类产品销售额在总销售的比重为 S,如果 S ＞ 95%,属于专业化企业;如果 S ＜ 65%,属于多元化企业;如果介于两者之间,65% ＜ S ＜ 95%,称作主导产品企业,很多中国企业属于第三种类型。中国还有一类非常独特的企业:主业做品牌,辅业赚利润,宣传主业的品牌,但利润空间主要从辅业中来。

什么是专业化企业?专业化的企业无非有两种类型:第一是小规模专业化企业,百人的规模,不求扩张,但求盈利,一招鲜,吃遍天;第二是大规模专业化企业,例如当年微软公司生产操作系统,英特尔公司生产芯片、微处理器,非常专业,规模也非常大。

什么是多元化企业？多元化企业是如何形成的？19世纪中后期，企业制度创新的中心从英国转移到了美国，美国企业开始垂直一体化扩张。一批食品加工、烟草、冶炼、石油、机器制造、运输设备等利用机械化进行大规模生产的企业，一方面向下游离，建立自己的销售网络；另一方面向上延伸，建原料生产基地。1917年，美国规模庞大的278家企业中有90%是经由垂直结合形成的，绝大多数属于单一产品型企业。比如杜邦公司只生产炸药，迪尔公司只生产钢犁，胜家公司只生产缝纫机，新泽西标准石油公司只生产煤油。但同时，通用电气公司、西屋电器公司、美国钢铁公司等企业开始从产品单一走向多样化。

（二）理论和实践的探索

20世纪50年代，西方开始重视企业专业化和多元化的理论研究。多元化理论研究可以追溯到1957年，著名企业战略管理专家安索夫在《多元化战略》中明确提出了企业多元化经营战略的内容：以产品种类多少来定义多元化。1959年，彭罗斯在《企业成长理论》一书中认为多元化包括三个"增加"：各种最终产品的增加，垂直一体化程度的增加，以及企业运营的生产领域数目的增加。他还认为，企业多元化发展的程度与其拥有的资源量相关，而成功率则与原有专长领域相关。1962年，钱德勒发表专著《战略与结构——工业企业发展的历史阶段》，提出了"结构跟随战略"的著名论断，指出企业组织结构的相应调整是企业多元化成功的关键。

20世纪70年代后期，欧洲和日本大企业迅速崛起，美国企业受到极大挑战。20世纪80年代，企业战略管理学界对多元化开始了反思。1982年，美国企业战略学者彼德斯和沃特曼在《追求卓越》一书中提倡"回归根本"的思想，认为"坚持本业"是企业发展的关键，凡是向多个领域扩展的同时又依赖老本行的企业，往往绩效优良，寿命久远；凡是向相关领域扩展的企业或经营五花八门行业的企业很难取得成功的业绩。

西方竞争战略的代表人物迈克尔·波特通过对美国33家大企业多元化历程的统计分析，认为选好核心业务是企业战略的基础，认为多元化成功与否与三个方面因素相互关联：选择本国最有吸引力的行业；尽量从本领域延伸；坚持内部发展或小型兼并。

1987年，美国管理学会前主席纽曼第一次提出"世界级企业"的概念，并将企业战略管理理论引入中国。世界500强以销售收入作为衡量标准，重视"量"的扩张，以规模和结构为导向；世界级企业强调"质"的提升，以竞争力和成长路径为导向。世界500强强调在面上突破，重视规模；而世界级企业强调在某一点上突破，重视核心专长、产品服务品质、整体价值链能力、治理运营效率。世界级企业遵循的是专业化发展战略，隐形冠军其实遵循的也是专业化发展路径。

1990年，马凯兹在《多元化、归核化与经济绩效》一文中首先提出并使用了"归核化"的概念。20世纪90年代中后期，多元化经营程度最高的日本企业在泡沫经济中消亡，进一步掀起了"归核化"运动的思潮。尤其是微软、英特尔、诺基亚等企业专业化的成功，对"归核化"运动起到了促进和示范的作用。

通用电气公司在杰克·韦尔奇的率领下，站上了世界企业的顶峰，销售额从他初接手时的250亿美元攀升到1999年的1110亿美元，盈利额从15亿美元飚升到107亿美元。通用电气公司的"归核化"策略被称为企业战略运筹的典范。人们普遍认为通用电气公司辉煌的背后源自"数一数二"战略。韦尔奇提出：通用电气公司的任何产品在本行业市场上应占据第一和第二的位置；现有产品如果经过整顿、组合、并购等方式仍无法达到第一和第二位置目标的，就必须关闭或出售。他提出的"数一数二"战略既是企业"归核化"的原则，同时又是企业要达到的目标。"数一数二"战略不在于排名，而在于获得垄断市场的规模优势，从而掌握该行业的话语权。

（三）适度多元化的扩张

毋庸置疑，业务扩张是所有企业的内在冲动。如何扩张业务？要么走小规模专业化道路，要么走大规模专业化道路，要么实现多元化。在生产经营中，成为大规模专业化企业需要具备三个基本条件：市场规模足够大、原创性技术、国际化优势。但是，绝大多数中小企业缺乏这些条件。

从现实来看，当一个企业只在某个单独领域经营，但这个领域已迅速成熟而造成企业的业务增长率走下坡路时，要想更好地利用已经获取的财富争取短期最大的现金流、保持长期的利润空间，企业必须做出正确的战略选择。由于技术的"高原现象"、人才瓶颈和市场空间局限，企业的专业化道路走到一定程度后，无法突破现有条件的束缚，必须适时进行战略调整，寻求新的发展空间，选择适度多元化道路。

2013年，格力空调销售额达到1000亿元，成为全球最大的专业化家电企业，当时企业提出5年后销售额突破2000亿元的目标。空调市场有瓶颈，要实现这种市场雄心，就必须开拓新业务，开辟新市场，适度进行多元化转型和战略调整。

适度多元化战略正处于纯粹专业化和广泛多元化之间的"击球点"。标准普尔公司曾对412家企业进行调查，对专业化企业、适度多元化企业进行了分类研究，发现专业化企业的经营业绩（以全部股东回报计算）高于多元化企业，而适度多元化企业的经营业绩又高于专业化企业。他们认为，从对投资者回报的角度看，适度多元化企业相比专业化企业能给股东带来更多的回报。

金佰利公司成立于1872年，2020年销售额逾191亿美元，产品销往170多个国家和地区，是《财富》杂志最受尊敬的，也是榜上停留时间最久的公司。金佰利公司遵循适度多元化，是根据自身内部能力动态管理经营范围的典范，从早期的消费品和新闻纸业务，到后来建立和管理一条小型航空线路业务。20世纪90年代，金佰利公司通过不断地动态调整其业务组合，通过适度多元化的整合，主营个人健康护理用品、家庭生活用纸和商用消费产品三大核心业务。

其实，多元化和专业化并不是两个绝对的对立面，许多企业在两者之间都达到了某种平衡。企业实现适度多元化，时机选择是至关重要的。那些处于朝阳产业的公司应该把主要的精力集中起来，以面对市场的挑战，所以对他们而言专业化是必须的，处于成熟产业中的企业就会考虑适度多元化的机会。由于内外部环境的变化是一个潜移默化的渐进过程，使得管理者犹如"温水煮青蛙现象"中所描述的那样，对逐步加热的水毫无察觉，还在水中悠闲自得地游着。外国企业主张一种居安思危的警觉意识，及时捕捉战略转折点，为适度多元化创造条件。

企业失败的原因往往是过早实现多元化，时机选择不当。多元化应当建立在专业化基础之上，企业要对进入的领域有清楚的了解和分析，并且要有恰当的机遇；要具有一定的专业团队；进入的领域应当处于上升期，或是资源性（包括经营特许权）的行业；自身要有影响力很强的企业文化以及与之相匹配的运营管理体系；要有足够的资金支持。具体来说，企业实施适度多元化，至少需要具备以下四个条件。

条件一：增长潜力，即行业和市场的成长性。企业需要判断所处的行业是朝阳产业还是夕阳企业，如果行业日薄西山，前景很不光明，那就需要考虑走多元化道路。有一些烟草企业，考虑自己处于夕阳产业，就开始延伸产业链，加大行业外投资。有一些依靠资源存活的企业和城市，也都在考虑多元化。反之，如果是朝阳产业，市场前景一片光明，那就应该横下一条心，专心致志搞自己的专业化。

条件二：地位稳固程度，即市场和行业的成熟度。企业如果专业化做得比较好，内功扎实，市场稳定，盈利模式有创新，在行业内具有竞争优势，资源整合能力较强，那么可以适度实现多元化；如果在本行业地位不够稳固，市场布局不均衡，而且现有行业具有成长性，那么就应该立足本职，不要三心二意。否则不但新的优势没有形成，老的优势也丢了，很多企业昙花一现，兴盛和衰落一样快速，其根源就是头脑发热，意气用事。

条件三：人才和资金的储备，即战略资源的储备。企业走多元化道路，一要人才，二要资金。中国企业家在总结中国企业失败原因时提出"三个不能做"的名言，分别是不挣钱的行业不能做；能挣钱但投不起钱的行业不能做；能挣钱也投得起钱，但没有合适的人去做的行业不能做。专业化和多元化孰优孰劣？一个根本的判断标准是：人才是否准备好了，经营队伍是否具备素质，人力资源储备是否能够满足战略需求。

条件四：双重带动，即行业的关联度。企业需要分析新进入的行业能否带动原有主业，或者受到原有主业的带动。企业扩张要遵循内在的带动规律，例如房地产试图带动餐饮业，经营上可能有一定的困难。两种销售体系和营销模式缺乏互通性，例如儿童营养品不一定能够带动儿童服装；汽车生产厂家假如去卖药，在消费者心中会产生认知混乱；生产名酒的企业想去搞小轿车，也会发生品牌认知混乱……

（四）多元化深度的把握

适度多元化是企业扩张的一种战略选择。什么样的多元化可以控制在风险范围之内？什么样的多元化会险象环生？这就需要企业把握多元化的深度和广度，控制风险临界点。纵观世界走多元化道路的企业，其类型和模式可以概括成以下五种。

第一种，水平多元化。也称一业多品，即以现有产业产品为基础，进行多品种经营。如化妆品企业既生产男性化妆品，又生产女性化妆品，既生产孩子用的，又生产老人用的；房地产企业既开发住宅产品，又开发商业地产；汽车生产厂家，既生产商用车，又生产家用车。从这个意义上讲，世界上纯粹的专业化企业寥寥无几。这种水平多元化风险可控性较强，是最低水平的多元化。

第二种，垂直多元化。也称纵向一体化，即以现有产业产品为基础，向纵向延伸，这种多元化可以适度延伸产业链，提升附加值，规避风险。纵向一体化分为前向一体化和后向一体化，前向一体化向下游延伸，后向一体化向上游延伸。比如，饲料企业向下游延伸可以生产品牌鸡，孵化品牌蛋，做乳制品、养猪；客车企业向上游延伸可以兼并汽车零部件厂家，向下游扩张可以参股和控股客运公司、旅游公司、公交公司等；食品贸易企业往上游延伸可以兼并食品加工厂；房地产企业大多数原本是搞建筑起家的，可以搞建筑，也可以制造有市场前景的新型建筑材料；钢铁企业向上延伸可以买矿石厂和原料基地，向下拓展可以生产高附加值的终端产品。

第三种，同心圆多元化。即以现有产业产品为"圆心"，进行多角化经营。同心圆多元化有三种模式。

一是以相同市场为圆心展开多角化经营。比如海尔集团生产冰箱、空调、彩电、小家电等，即以家电市场为圆心构建产业链。九州通医药集团股份有限公司以医疗为"圆心"展开同心圆多元化，最早从事医药物流配送，继而延伸到中药、原料药、医院、高端医疗设备等，实现同心圆多元化扩张。2022年公司实现营业收入 1404.24 亿元，再创新高。在 2022 年实现前三年规划的完美收官后，2023 年开启了新三年战略规划的元年，将全面开启"新零售、新产品、互联网医疗、不动产证券化（REITs）"四大新战略转型方向，构建新战略版图。

二是以相近技术为圆心展开多角化经营。比如造船厂缺乏市场订单，可以利用自己的"钢结构加工"技术延伸产业链，承揽钢结构加工业务，扩大技术的辐射。武汉造船厂利用自身技术，辐射到造桥行业，曾经做到中国造桥前三名。生产空调的厂家可以加强制冷技术和压缩机研发，承揽中央空调业务，还可以把冷却技术用到反应堆的温度处理上。

三是以相同市场和相同技术相结合展开多角化经营。比如家电企业，过去生产冰箱、空调、彩电使用的是电子技术，后来使用模拟技术，现在运用数字技术，"指挥系统"都一样，做到市场相通，技术也相通。

第四种，混合多元化。即以现有行业为基础，离开本行业，向相关行业迈进。比如房地产企业开发了一片小区，在搞物业管理的同时办幼儿园、学校、医院、超市等；比如商业地产企业利用自身地产做酒店，做影院，做零售，做大型娱乐设施。

第五种，不相关多元化。即所从事的行业毫无关联，科、工、贸、房地产、金融等什么都干，五花八门。不相关多元化的风险最高。美国、欧洲、日本、韩国都曾经走过不相关多元化的道路，实践证明成功者甚少。中国东南沿海地区的企业率先走不相关多元化的道路，也曾遭受重重困顿。

中国企业能否走不相关多元化道路？实现不相关多元化的基

本前提必须是企业进入有着丰厚利润前景和低成本扩张的行业。在企业并购和重组过程中，被选择的企业应该具备宽厚的发展空间，必须符合以下条件：可以增强获利能力，达到高投资回报率；顺畅解决企业的资金流，迅速盘活固定资产；处于有着重大增长潜力的行业；可能严重冲击原有业务，不会发生资源整合困难；不违反政府有关产品和环境安全的规定；能够抵御因宏观经济变动所带来的冲击。

中国企业应该走什么样的多元化道路是一个重大战略抉择，对较有实力的企业而言，随着竞争力的提升，水平多元化可以平稳过渡，垂直多元化可以纵向贯通，同心圆多元化可以软着陆，混合多元化需要慎重，不相关多元化需要慎之又慎。

有人不禁要说：世界上那么多大企业搞不相关多元化也做得很成功。事实上，再大的企业搞多元化也不是漫无边界的。杰克·韦尔奇上台之初，针对通用电气公司高度不相关多元化的现状，提出了著名的"三环战略"理论，把众多产业产品归并为三大类——核心业务、高技术和服务。这三种业务占总业务份额的92%。

以上的多元化分析仅仅适用于大型企业或比较强的大中型企业，对于许多中小企业和隐形冠军企业而言，做战略选择时则需要十分慎重。通常情况下，不要突破多元化的边界，最好锁定在专业化范围内。

三、中小企业的专业化战略

囿于历史原因,许多中小企业在早期创业阶段无序发展特点明显,从事的行业多则几十个,阵线过长,摊子过大,涉面过宽,领域过广,往往采取多元化扩张。近年来,中国企业在经历一轮又一轮无边界扩张而遇到重重困顿之后,开始倡导回归主业,回归专业化,回归初心。华为实施聚焦战略,聚焦主航道,收窄战略面,抢占制高点,利用"压强原理",采取"针尖战略",集中力量。

企业的内在能力必须与外部宏观环境相匹配,这是一条基本战略原则。环境适应能力是战略的核心,适者生存。企业的战略选择必须充分考虑到所处的发展阶段和实际情况。企业的经营和发展通常要经过三个阶段:产品经营阶段、产业链经营阶段、资本经营阶段。

这三个阶段与专业化和多元化相对应:如企业处在产品经营阶段,通常选择专业化;处在产业链经营阶段,通常采用垂直多元化和同心圆多元化;处在资本经营阶段,可以适度采用混合多元化和不相关多元化。中国绝大多数中小企业还处在产品经营阶段,走专业化道路是必然战略选择,这种发展阶段不可跳跃。

赫尔曼·西蒙倡导专注的专业化发展：专注核心业务，专注客户关系，专注员工忠诚度；倡导持续改善和培育企业生态价值链；倡导坚守愿景。他认为，隐形冠军有一点重要的经验是不把自己市场的定位看作一个既定的事实，而是它们战略当中的一个参数，可以自由调节。它们通过仔细观察顾客的需求和相关的技术，把各自的市场定义得相当窄，高度专注。

为此，中小企业领导者需要调整心态，培育实业工匠精神，放慢扩张步伐，凝神聚气，咬定青山，聚焦行业，专注产品，执着市场，做好服务，匠心永恒，像德国和意大利的中小企业一样做上100年、200年……"不争500强，但活500年。"小而长久、慢而健康才是企业之道。如德国伍尔特集团只生产螺丝、螺母等紧固件，却在全球80多个国家拥有超400家公司，其产品的应用更是上至太空卫星，下至儿童玩具，几乎涵盖了所有行业和领域，2023财年年销售额首次超过200亿欧元。又如布里塔公司，其滤水器占据全球同类产品市场份额的85%。

纵观国内外的经验可鉴：走专业化道路是99%的中小企业必然的战略选择。

浙江万向集团当年创业时是一家米面加工厂，后遭关闭。1969年，鲁冠球接管了宁围公社农机修配厂，发展为万向集团公司开始第二次创业，完成了最初的原始积累。1979年开始调整战略，集中力量生产汽车万向节。从1980年至1989年，万向节产品经济效益年均增长率达40%以上。1990年开始，鲁冠球提出"大集团战略、小核算体系、资本式运作、国际化市场"的战略方针。他用"钱潮牌"万向节产品打开了日本、意大利、法国、澳大利亚等 18 个国家和地区的市场，每年创汇数百万美元。1994 年，万向美国公司在美国注册成立。1997 年 8 月，万向集团生产的万向节正式敲开世界汽车业巨头——美国通用汽车公司的大门，成为其配套产品。万向集团公司花 30 年只做一件事——造万向节，创下了万向节产品的企业标准即行业标准，它是名副其实的隐形冠军。

继专业化、精细化和品质化之后，万向集团公司在跨国并购、装备制造和金融领域实现了更深层次的扩张。2020 年 9 月 10 日，2020 中国民营企业 500 强榜单发布，万向集团公司位列第 35 位，营业收入达 1305 亿元。

企业转型选择何种发展道路，是走专业化道路还是选择多元化？除了受到客观因素制约以外，还要受到决策者心理因素的影响，这取决于企业家的心理博弈，其决策过程有以下两种心理博弈。

一是市场诱惑与战略理性。中国幅员辽阔，人口众多，发展生机盎然，潜在能力巨大，市场充满诱惑，消费革命一浪高过一浪。对于任何一个商家来说，很难抵挡发展机遇的利诱，这就需要确立专注的哲学观。

企业扩张要掌握好节奏，慎重处理好自有资金和债务的关系。现在一种流行的观点是"不要把鸡蛋装在一个篮子里"，很多企业往往就"栽"在这个误区上，把"鸡蛋"放在不同"篮子"里，看上去是分担了风险，但分担的是经营风险，增加的却是财务风险。因为每编一个"篮子"需要一笔投入，"篮子"编多了就会债台高筑、入不敷出，很多企业的败局就这样埋下了。

中国很多企业走多元化道路，就牺牲在"编篮子"上面，"篮子"没编好就垮了，所以债务危机才是根本性的危机，"不要把鸡蛋放在一个篮子里"更多适用于家庭投资。

本田技研工业株式会社（以下简称本田）最早生产摩托车，市场很稳定的时候自有资金和债务的比重是2∶1；为了向欧洲摩托车市场迈进，本田进行地域扩张，把这个比例调整到1∶3，加大债务比重；在欧洲摩托车市场站稳脚跟以后，本田又把比例调回2∶1；后来，为了向小轿车行业迈进，本田进行产品扩张，又把比例调整到1∶3；在小轿车行业站稳脚跟以后，又把比例调回了2∶1。这就是本田几十年走过的理性之路，始终有节奏地保持2∶1和1∶3的比例。

二是市场威胁与战略意志。一个国家需要战略意志，一个民族需要战略意志，一个企业需要战略意志，一个人也需要战略意志。战略意志就是摧枯拉朽、坚韧不拔、百折不挠、永不言败的精神。美国战略管理专家克莱因在《80年代的世界国力趋势与美国对外政策》一书提出了综合国力的估量公式。

国家力量＝（基本实体＋经济实力＋军事实力）×（国家战略＋贯彻国家战略的意志）

Pp=（C+E+M）×（S+W）

Pp：可以被估算的国力

C：国家的基本实体

E：经济实力

M：军事实力

S：国家战略

W：贯彻国家战略的意志

也就是说，国家力量仅仅只有基本实体、经济实力、军事实力是远远不够的，还需要国家战略以及贯彻国家战略的意志。

中国企业在享受发展机遇带来的甜蜜感受之时，也将饱尝风险和挑战带来的苦涩。风险和机遇并存，幸福和痛苦同在，希冀与失落平行。面对竞争环境的恶化和企业发展的战略转型，企业家也需要具备坚定的战略意志。

和田一夫是一位值得尊敬的企业家。1929年3月2日，他出生于日本静冈县热海市一个以经营蔬菜为生的家庭，大学毕业后他继承八佰伴，在半个世纪中将一家乡下蔬菜店建设成在世界各地拥有400家百货店和超市、员工总数达28000人、鼎盛期年销售总额突破5000亿日元的国际流通集团。1997年，因八佰伴的核心公司——日本八佰伴出现经营危机，负债1600亿日元，公司不得不宣布破产，和田一夫承担起全部责任，将所有私有财产抵债，一贫如洗，赁屋而居。

正如他在自述中所说，日本社会对"败者"的传统态度异常残酷，一个人只要经历了一次大失败，从此以后只能退避三舍。但是和田一夫却决定以自己的失败开启别人的成功。他在迷茫、痛苦的时候，看到了中国出版的邓小平女儿邓榕所著的《我的父亲邓小平》这本书，并深深地为伟人邓小平的意志力所折服。

1998年，年近70岁的和田一夫设立经营顾问公司，并开办国际经营塾，决心将自己的经营经验和教训传授给年轻的经营者们，引起了日本社会的广泛关注和尊敬，NHK电视台等日本传媒称其为"不屈之人"。2001年，和田一夫《从零开始的经营学》一书出版。同年,该书的中文版《不死鸟》在中国出版。

对广大中小企业领导者来说,需要长久地保持战略理性,锤炼战略意志,磨炼战斗耐心,坚持专业化道路不动摇。

四、构建隐形冠军生态圈

打造企业生态链是未来企业的发展趋势。针对"鸿蒙3.0",华为高管认为"20世纪最伟大的企业不是做产品的企业,而是拥有了标准和专利话语权的企业。进入21世纪,这个时代最伟大的企业是生态型企业"。中小企业冲刺隐形冠军,需要构建隐形冠军生态圈。

(一)构建长寿生态

隐形冠军企业的价值追求是长寿,不求规模庞大,但求活得长久。德国隐形冠军企业的平均寿命超过60年。据美国《财富》杂志报道,美国中小企业平均寿命不到7年,大企业平均寿命不足40年。日本中小企业的平均寿命为12年,大企业平均寿命有58年,日本企业的平均寿命远远高于其他国家。截至2022年,日本超过百年历史的企业有25321家,居世界第一。日本还有147家企业超过500年历史,超过千年历史的企业有21家。

阿里·德赫斯曾在荷兰皇家壳牌石油公司工作了38年,他在《长寿公司》一书中分析了27家寿命与规模比荷兰皇家壳牌石油公司更久、更大的公司,他认为长寿公司具备四项重要特质。

一是良好的适应能力。无论是自然灾害、经济衰退还是科技创新，面临环境波动都能处之泰然，洞察变化，处事不惊，沉着应变，把握商机，适时进行战略转型。

二是高度的凝聚力与认同感。员工具有强烈的忠诚度与成就感，组织健全，沟通顺畅，情感融洽，团结协调，团队文化氛围好，员工有强烈的归属感。

三是高度的包容性与分权治理。决策过程开放，广泛听取意见，凝聚大多数人的智慧；鼓励探索，包容个性，允许失败，对边缘化行为和大胆尝试十分宽容；实现层级管理，充分调动每个员工的积极性。

四是保守的财务策略。几近零负债，保持充足的现金流；慎重进行投资评估，不盲目扩张；优化企业流程，减少库存积压，盘活资金，规避财务风险。

企业能否长寿？比尔·盖茨有一句名言："一个优秀的企业离破产永远只有18个月。"这句被全球商界奉为经典的警句并不适合每一个企业。日本的金刚组株式会社成立于公元578年，距今已有1400多年的历史，早期修建佛寺和庙宇，后来经营民用建筑；约公元1000年，法国古拉尼酒庄经营葡萄园，现在拥有博物馆和蝴蝶农场；艾维迪斯乐器公司是美国最长寿的企业，1623年创立于君士坦丁堡，1909年迁移到美国麻省。

长寿企业为何长寿？就世界企业发展经验而言，长寿企业具备两个基本条件：一是顺利完成了一代又一代的企业领导交替，不断进行组织变革；二是能够与时俱进，跟上时代的节拍，不断创新管理，推陈出新。总结成一句话，就是要科学把握战略转折点，适时进行战略转型，寻找新的发展机遇。1288年成立的斯道拉公司最早在瑞典经营铜矿，现在以纸张为主业；1630年成立于东京附近的万字酱油，数百年来一直是全球最著名的酱油生产企业，而现在又把注意力转向生物技术领域，成为一家科技企业。

由此可见，企业要想长寿，保持基业长青，就需要构建长寿生态。这种长寿生态不一定专注于某一个产品、某一个行业和某一种经营模式。打火机出现后，火柴就将遭受淘汰；数码相机问世后，胶卷相机就面临被淘汰；新能源汽车出现后，燃油车将是昔日黄昏；人工智能产品盛行之时，就是很多传统产品没落之日。构建长寿生态要与时俱进，顺应时代的潮流，把追求卓越、提升品质、强化品牌、优化服务、做强做长、做到极致的经营理念和战略思维贯彻始终，这就是企业变化中的不变，这就是长寿企业的长寿基因。

（二）以专业化思路构建生态圈

中国式隐形冠军不一定存在于专业化企业，也可以遍布于相关多元化企业，但在经营相关多元化的过程中必须以专业化思路分辨各个领域的细分市场，实现隐形冠军集群。

山东默夙投资集团有限公司（以下简称默夙）是一家国家级高新技术企业，坚持卤水事业，经过20多年的发展，从"溴素同心圆"发展到以材料助剂、新能源材料、原药及中间体、精细化工园区服务、海洋健康为主，相关产业协同发展的"卤源水韵"产业链，运用"隐形冠军"的思路和定位，以精益求精的专业化精神深耕每一个业务板块，做精做细，力争成为行业的引领者。如果将全产业链比喻成珍珠项链，代表产品的每个珍珠都是隐形冠军产品，整个链条串起来就是默凤的卤源水韵隐形冠军产业链。集团董事长杨树仁说过："把一米宽的市场做到一百米深。"迄今为止，集团下属培育了多类隐形冠军产品集群。

第一，超纯钠隐形冠军产品集群。

钠冷快堆代表了世界上第四代核能系统的发展方向，可充分利用铀资源，是我国重点发展的核能技术，具有重大战略意义。同时，核能发电是最清洁高效的新能源，与光伏、水电、气电相比，核电的碳排放量最低，成为中国调整能源结构、实现双碳目标的重要组成部分，方兴未艾。而超纯钠因其导热性好、本质安全等特点，是最佳的核电航天用换热材料，默凤经过十余年的行业深耕和"隐形冠军"理念加持，建有全球规模最大、技术最先进的超纯钠生产线，具有全流程自动化、产品质量优、单位能耗低等优势，产品应用在第四代核电、航空航天、动力电池材料、大规模储能电池等领域。

第二，阻燃剂隐形冠军产品集群。

以工程塑料类阻燃剂——双酚A双（二苯基磷酸酯，简称BDP）为例。BDP属于环保的无卤阻燃剂，随着社会发展和人们生活水平的提高，环保无卤阻燃剂的开发和使用越来越广泛。近几年来，我国阻燃剂行业的产品结构逐渐从以卤系阻燃剂为主转变为以磷系、卤系阻燃剂为主。在目前全球阻燃剂无溴化的背景和趋势下，欧美等发达国家的卤系阻燃剂占比正逐步降低。BDP下游客户主要应用于工程塑料PC/ABS、PC、PPO等材料的改性和阻燃，以及硬质电路板用环氧树脂和其他一些聚合物中，同时因其具有一定的流动性，也可以用来做增塑剂。目前默凤 BDP 产品无论是技术水平，还是市场份额，在行业内均处于全球领先地位。

　　默凤通过隐形冠军产品集群的打造，逐步形成抱团深耕、错位共生、多极支撑的隐形冠军生态圈。

第四章

聚焦精约化之路

精约化就是精细化和集约化的有机结合。中国经济发展的精约化时代已经来临，中小企业需要从过去一贯"外延扩大"和"争地盘，壮块头"为主的经营思路转向以"强化内涵"和"练内功"为主的经营思路上来，在资产质量、负债质量、管理质量、服务质量等方面上档次、上台阶，杜绝"高成本、低效率"，实现"低投入、高产出"的高质量发展。一句话，就是要做到产品好、成本低、质量高、服务优、技术强、市场大。

改革开放40多年，中国经济发展不断迭代变革升级，在经历较长时间的高速增长后，如今正式进入高质量发展和新发展阶段。2020年7月30日，习近平总书记主持召开中共中央政治局会议时指出："必须加强前瞻性思考、全局性谋划、战略性布局、整体性推进，实现发展规模、速度、质量、结构、效益、安全相统一。"

2021年7月1日，习近平总书记在庆祝中国共产党成立100周年大会上提道："立足新发展阶段，完整、准确、全面贯彻新发展理念，构建新发展格局，推动高质量发展，推进科技自主自强。"

在高质量发展时代和新发展阶段，急迫需要中小企业和隐形冠军企业聚焦精约化之路，选择精细化和集约化相结合的精约化发展战略，以精约化发展战略为统领，实现企业高质量发展的全面转型升级。

一、确立高质量发展观

选择何种发展观和发展模式关系一个国家的前途命运，也决定企业的兴衰。我国要从经济大国迈向经济强国，必须改变过去高投入、高消耗、高污染的粗放增长方式，形成强动力、高效益、可持续的高质量发展方式，践行高质量发展观。

习近平总书记反复强调要把新发展理念贯穿始终，"发展理念搞对了，目标任务就好定了，政策举措也就跟着好定了。"王夫之在《张子正蒙注》中写道："理者，物之固然，事之所以然也。"新形势、新任务，新机遇、新挑战，要求我们必须树立新的发展理念，用新的发展理念引领发展行动。

改革开放之初，我国经济发展主要解决数量不足问题，需要"多"字当头。在新发展阶段要解决的首要问题则是实现高质量发展，必须"好"字当头。这就要求我们必须把发展质量问题摆在更为突出的位置，着力提升发展质量和效益。

高质量发展是我国未来长期的经济社会发展主题，关系我国社会主义现代化建设全局。高质量发展不只是一个经济要求，还是对经济社会发展方方面面的总要求；不只是对经济发达地区的要求，还是所有地区发展都必须贯彻的要求；不只是一时一事的要求，还是必须长期坚持的要求。

高质量发展能够很好地满足人民日益增长的美好生活需要，是体现新发展理念的发展，是创新成为第一动力、协调成为内生特点、绿色成为普遍形态、开放成为必由之路、共享成为根本目的的发展。通过高质量发展，更好地满足人民群众的教育、收入、医疗、社会保障的需要；为人民群众提供更舒适安全的居住环境；为人民群众提供更丰富的精神文化产品；使人民群众能够享受更加清新的空气、吃上更干净的食物、喝上更安全的水。总之，使人民获得更多的获得感、满足感和幸福感。

树立高质量发展观，必须以创新为引领。高质量发展的重要特征是创新性。科技创新成为驱动高质量发展的第一动力。科技创新需要构建全方位、多层次的科技创新格局，强化原始创新、协同创新、开放创新，为高质量发展增强新动力，培育新土壤，创新新机制。

相当长的一段时间内，流行的"造船不如买船，买船不如租船""以市场换技术""靓女先嫁"等发展观念，在今天需要深刻反思。实践证明，核心技术、关键装备、先进材料是买不来、要不来、换不来的。日本和韩国未曾出现过"市场换技术"的观点。20世纪50年代~80年代的短短30年，日本走过了从引进到创新的全过程，进入了技术输出国家的行列。韩国明确规定同类技术只能引进一次，主要靠自主创新。

创新发展需要以科学技术创新带动生产率的全面提升，加强基础研究和原创技术的研发，促进原创理论的产生；加强产学研合作，促进基础研究与产业化的有机衔接，将创新链和产业链相结合，加速科技成果向现实生产力转化，构建起高质量发展的产业链支撑。

树立高质量发展观,需要协调发展。协调发展要着力解决好发展中的三个不平衡问题:一是"增强区域发展的平衡性",二是"强化行业发展的协调性",加快垄断行业改革,推动金融、房地产同实体经济协调发展;三是"支持中小企业发展",构建大中小企业相互依存、相互促进的企业发展生态。

我国幅员辽阔、人口众多,各地区自然资源禀赋差别之大在世界上是少有的,统筹区域发展是一个重大战略问题。在新发展历史阶段,对区域协调发展提出了新的要求。要根据各地区的条件,走合理分工、优化发展的路子,落实主体功能区战略,完善空间治理,形成优势互补、高质量发展的区域经济布局。

1935年,地理学家胡焕庸划定的"胡焕庸线",即北到黑河市、南到腾冲市,中国人口超过90%分布在东部,东西差距明显。这种差距到2010年也没有得到根本性的改观。2020年统计数据显示,京津冀、长三角、粤港澳三大经济圈用全国2.8%的土地聚集了约18%的人口,贡献了约38%的GDP,而整个西部地区占据71%的国土面积,GDP仅占全国的20%左右。协调发展就是要缩小这种东西差距。当前,"南强北弱"的经济格局正逐步显现。近年来,北纬31度以北的大部分地级以上城市排名下降,北纬31度以南的地级以上城市排名上升。中国经济"南强北弱"取代"东强西弱"的发展趋势日益明显。

实现协调性发展、解决区域性发展不平衡问题,需要加大均衡布局力度。当前,我国发展呈现东部率先、中部崛起、西部开发、东北振兴逐渐推进的梯度发展格局。中国都市圈、19大城市群、国家中心城市和一系列自由贸易区（港）的布局和建设，尤其是中西部城市群的建设，将会极大推进中国的均衡发展。

实现协调性发展、解决区域性发展不平衡问题，加强长江经济带建设至关重要。从上游重庆到中游武汉，再到下游南京；从"推动"到"深入推动"，再到"全面推动"，长江经济带发展这一国家重大区域发展战略的顶层规划一天天清晰起来，各项要求一步步得到落实推进。2018年4月，习近平总书记在深入推动长江经济带发展座谈会上强调："推动长江经济带发展涉及经济社会发展各领域，是一个系统工程，不可能毕其功于一役。要做好顶层设计，要有'功成不必在我'的境界和'功成必定有我'的担当，一张蓝图干到底，以钉钉子精神，脚踏实地抓成效，积小胜为大胜。"

2019年1月18日，习近平总书记在京津冀协同发展座谈会上指出："京津冀如同一朵花上的花瓣，瓣瓣不同，却瓣瓣同心。"京津冀一体化正在加速发展，不能仅仅是空间转移，要借此机会转型升级、更新换代。

随着中国的均衡布局，内陆地区面临前所未有的战略机遇。东南沿海的产业和工业生产基地将逐步向内陆转移和迁徙，发挥成本、土地、资源和广阔的内陆腹地优势，开发内陆自身禀赋和大量的腹地荒废资源，搭建陆运、空运、海运、河运的便利通道，连接世界要地，融入区域经济和世界经济。一些内陆重镇对中国产业布局、科技创新、市场开发和内陆复兴有很强的带动性，其价值不断凸显。

在新的区域战略布局下，西部国际陆海贸易新通道呼之欲出。以重庆和成都西部腹地区域为枢纽，北接"丝绸之路经济带"，南连"21世纪海上丝绸之路"，协同衔接长江经济带，打造中国中西部、东部、南部和东亚、中亚、西亚、非洲、欧洲相连的陆海贸易通道及国际经济合作平台，形成"北有京津冀和联通环渤海经济圈、东有长三角、南有粤港澳、中有中三角和中原经济带、西有成渝和联通西北西南"等陆海联动、空地一体、东西互济、南北融合的中国区域经济协调格局。

新疆维吾尔自治区，占中国国土面积六分之一，与周边8个国家接壤，区位独特。2023年11月1日，中国（新疆）自由贸易试验区正式揭牌，实施范围179.66平方公里，涵盖三个片区：乌鲁木齐片区134.6平方公里、喀什片区28.48平方公里、霍尔果斯片区16.58平方公里。新疆具有独特的地理位置优势。喀什是连接中亚的要地和"中巴经济走廊"东部的起点，对连通西亚、非洲和欧洲将发挥十分重要的战略作用。位于亚欧大陆桥中国最西端的霍尔果斯，西承中亚五国，东接内陆省市，是我国丝绸之路经济带核心区的重要核心节点。随着中国区域布局的全面拓展和深化，东西南北中合作潮流涌动，人流、物流、资金流、信息流加速集聚，各种开放平台和对外窗口异彩纷呈，助推中国经济迈向高质量发展的新高地。

实现协调性发展，就是要加快推进基本公共服务均等化，着力从四个方面着手：一是"加大普惠性人力资本投入"，有效减轻困难家庭教育负担，提高低收入群众子女受教育水平；二是"完善养老和医疗保障体系"，逐步提高城乡居民基本养老金水平；三是"完善兜底救助体系"，兜住基本生活底线；四是"完善住房供应和保障体系",扩大保障性租赁住房供给,重点解决好新市民住房问题。

树立高质量发展观,需要绿色发展。绿色发展是我国经济社会发展的一项重大战略,是加快转变经济发展方式的重要途径。人不负青山,青山定不负人。绿水青山既是自然财富,又是经济财富,也是文明财富,生态兴则文明兴。生态本身就是经济,保护生态就是发展生产力。

实现碳达峰、碳中和是以习近平同志为核心的党中央统筹国内国际两个大局作出的重大战略决策,完成这两项战略目标,是中华民族的伟大雄心。生态环境投入是关系经济社会高质量发展、可持续发展的基础性和战略性投入。

环境高质量发展是绿色发展的重中之重,要以人类和自然和谐的发展为要旨,以长远发展战略为导向,以更少的资源投入创造更多的价值。实现环境高质量发展,要着力改善大气质量,加强土地保护,缓解水资源压力,减少废弃物、环境有害物和污染排放等,形成"资源→产品→废弃物→再生资源"循环流动的生产模式,带动环保投资,发展绿色产业,提供高质量的绿色产品和服务,切实把"绿水青山"变成"金山银山"。

树立高质量发展观,需要开放发展。开放则兴,封闭则衰,这是中国几千年来发展的基本经验。我国历史上曾有过对外开放的辉煌时期。张骞通西域、"丝绸之路"延伸亚欧、唐代的贞观之治、郑和下西洋,谱写过对外开放的壮丽篇章。放眼当今世界,开放是通往强国的必由之路。

改革开放 40 多年来,中国经历了三次大的开放。1980 年 8

月26日，中华人民共和国第五届全国人大常委会第十五次会议决定：在中国广东省的深圳、珠海、汕头和福建省的厦门设置经济特区。2002年中国加入世界贸易组织。2013年启动"一带一路"建设。三次大的开放，使中国经济深度融入全球产业链、供应链和创新链，成为世界经济发展的主流力量。

无论未来全球化受阻，所谓的"有限全球化"也罢，无论世界市场受地缘政治的影响有多大，无论中国的产业链和供应链是否被削弱，毋庸置疑，中国的开放战略，将自始至终渗透到中国现代化建设的全过程，这就是中国的战略定力所在和必然战略选择。

树立高质量发展观，重在全面深化改革。改革是关键一招，改革是防风险的先手棋、赢得挑战的高招。中国未来的发展，取决于改革的深度、广度和持续性，必须从"持久战"的角度加以认识。中国改革是人类舞台上的一部大剧，只有开幕，没有闭幕，改革永远在路上。《清平乐·会昌》有云："东方欲晓，莫道君行早。"《满江红·和郭沫若同志》中写道："一万年太久，只争朝夕。"

中小企业和隐形冠军企业必须遵循国家的高质量发展观，在未来很长的时间内，要从"国之大者"的战略高度，把高质量发展作为企业的长期战略任务，贯彻企业经营管理的始终。我们既要积极参与，肩负责任担当，也要善于在高质量发展的历史进程中寻找机遇，不断发展壮大。

二、质量战略的提升

隐形冠军的"隐形","隐"在专注而不是分散,"隐"在坚持而不是放弃,"隐"在长久而不是短暂,"隐"在内敛而不是外显。

实现精约化发展,质量变革是关键。精约化发展的核心要义就是提升质量、优化品质、改善管理。隐形冠军企业一定是高质量型企业,没有质量,不成为隐形冠军。隐形冠军的专注重在品质的专注。产品的设计可以改变,产品的式样可以改变,产品的质量永远不能改变。质量至上、品质取胜是企业永恒的坚守。隐形冠军企业如何提高质量以实现精约化发展战略呢?

(一)坚持长期主义

质量关乎百年大计,甚至千年大计。质量建设需要坚持长期主义,反对机会主义。急功近利不行,目光短视不行。中国企业的发展证明一个基本道理:过分追求规模和速度的成功只是战术成功,只有追求质量升级成功才是战略成功。十年磨一剑,久久为功。

什么是真正的企业家?这与其自身的价值观和心态有很重要的关联。在以下这些短期的功利心态支配下,不可能成为真正的企业家:以赚钱为根本目的,偏重物化的价值观取向;兴趣泛化，关注点不集中；"跟风"心态凸显，喜欢从众；粗放型的惯性思维和加工组装式思维较为突出；进取心退化，"中年危机"现象明显；喜好赚快钱等。

20世纪末中国电信推出了小灵通，曾红火了好几年，UT斯达康、中兴通讯等企业成为受益者。但是，华为没有进入小灵通领域，坚定认为是一个过渡、短暂且落后的技术，不会有未来，3G代表未来。错过小灵通可能失去一大块利润，错过3G，就将妨碍华为成为一个伟大企业的进程。华为不做机会主义者，任正非说过："不在非战略机会点上消耗战略竞争力量。"华为持续聚焦主航道创新。这个决策过程相当痛苦，任正非坦言，他当时每看一次报告，内心就经历一次折磨。"外部的压力，我们一点都不害怕，反正坚决不做。"真正的压力来自内部，"如果说不做，万一华为公司真的由于我判断失误栽跟头，'死'掉了怎么办？"2009年，华为终于获得了第一块3G商用牌照。回过头来看，华为的战略眼光是高瞻远瞩的。十年磨一剑，华为今天站在了5G技术的世界巅峰。

实施高质量发展战略，企业家需要端正态度，改变心态，树立长远观念，培育实业精神。企业家要经得起岁月风霜的考验，耐得住专注做事的寂寞，抵挡住非企业所需的诱惑。《尚书》中说的"惟精惟一"就是告诫我们，要把心思镇定下来，不受外界干扰，不被名利诱惑，一心一意地把一件事情做到极致。《传习录》中弟子问王阳明：怎样才能做到"惟精""惟一"呢？王阳明回答："惟一"是"惟精"的"主意"，"惟精"是"惟一"的"功夫"，并非在"惟精"之外又有一个"惟一"。博学、审问、慎思、明辨、笃行等，都是为了达到"惟一"而进行的"惟精"的功夫。真正决定一个企业和一个人高度的，是把一件事情做到极致的能力。选择最适合自己做的事情，并把它做到极致，就会成为赢家。

（二）培育工匠精神和工匠人格

提高质量首先在于提高人的质量。教育的本质是实现人的德智体美劳全面发展，质量的本质是提高人品。产品如人品，产品的内涵蕴含着企业的管理水平、团队风貌和企业家的文化素养。人品主要体现在工匠精神上。

所谓工匠精神，就是精于工、匠于心、品于行——工心行精神，就是用心去做事的行为风范，就是高度负责、执着专注、精益求精、一丝不苟、追求卓越的工作态度和意志品质。工匠精神的内涵是以爱国主义为核心的民族精神和以改革创新为核心的时代精神。工匠精神是质量战略的精神内核。

工匠精神随着中国工业化的发展不断得以升华。"乡土中国"是我国著名社会学家费孝通基于中国传统提出的一个广被接受的概念。"土"是乡土中国的根，是建构传统政治、经济、社会与文化结构的基础。土地制度既造就了悠久的农耕文明，也导致了超稳态的社会结构。由土地孕育的农耕文明和乡土文化是中国文化最典型的特征。

中华文明根植于农耕文明，农耕文明承载着华夏文明生生不息的基因密码，是中华优秀文化的根脉。早在5000多年以前，我们的祖先在江南杭州创建了良渚文明。2019年6月30日至7

月 10 日，第 43 届世界遗产大会，良渚古城遗址获得评委全票通过，列入《世界遗产名录》。良渚文化是中华文明起源的重要标志，其实质是"稻作文明"。良渚人修建的水坝，能够容纳 6000 万立方米的水量，充分体现了先祖的早期智慧。农耕文明的形成和演变，构造了一整套社会治理的制度体系，孕育了中华民族特有的民族性格，塑造了中国人与乡土文化相联系的心理结构和精神面貌。

在世界发展史上，西方国家率先启动了工业化进程。中华人民共和国成立以后，中国选择重工业优先的国家工业化战略。改革开放以后，中国工业化提速，开辟了国家工业化之外的另一条乡村工业化道路，珠三角模式、苏南模式、温州模式、闽南模式等"异军突起"。农民从"离土不离乡"到"离土也离乡"。"农一代"季节性的跨区域流动，形成数量庞大的"两栖人口"或"候鸟式迁移"。农民工现象成为当代中国工业战线上一道绚丽多彩的人文图景。

中华人民共和国 70 多年史无前例的大变革搅动了一池平静的春水，逐步由农业大国转向工业大国、农业文明转向工业文明、农村文明转向城市文明、农村社会转向城镇社会，实现了从"乡土中国"到"城乡中国"的历史转型。

今日之中国，经过几十年的心理嬗变，中国人的工匠型人格特质逐渐塑造成型，推动了中国制造业的发展，重塑了中国经济新景象。实现质量战略，培养隐形冠军，就是要塑造和强化工匠型人格。《尚书》中有云："功崇惟志，业广惟勤。"工匠型人格主要包括四种类型的人格要素。[18]

1. 进取自尊型人格

中国的工业化之路，是一条从自卑走向自信、从保守走向进取、从制造走向创造的创业之路，是用中华民族的工业精神铺就的一条辉煌之路。一代又一代工业人秉承"两弹一星精神""航天精神""铁人精神""首钢精神"等自力更生、艰苦奋斗的精神，托起中国经济和科技的崛起。

中国人的进取精神谱写了中国工业的辉煌。中国人以"自信""自强""自立""爱国""奉献""严谨""坚韧"的工业性格，以"一万年也要搞出核潜艇"的豪迈气概，凭借一颗永不停息的进取心，攀越了一个又一个高峰，把中国制造业推到一个世界级的高度，以极好的美誉度和新形象展现在世界舞台上，彻底改变了世人对"中国制造"的看法。

2. 精细极致型人格

70多年的工业化实践表明：中国制造业的竞争力，不是简单地体现在产业和技术上，而是几十年如一日积淀形成的工匠精神和精约文化。技术可以移植，模式可以复制，但是这种工匠精神和精约文化的制造业精神却是无法移植和复制的。

一个国家的产品质量如何，与一个国家的工业人格息息相关，表象是工业品质，本质是工业人格。德国产品设计精美、经久耐用，与德意志民族严谨改进的性格有关。德国传记作家艾米尔·路德维希撰写的《德国人：一个民族的双重历史》描绘了德国人的性格特点。日本产品精湛好用，与日本民族敬业细致、注重细节的人格特质有关。美国产品引领世界潮流，与美国人的创新意识和创新文化紧密相连。美国经济学家、诺贝尔经济学奖获得者埃德蒙德·菲尔普斯撰写的《大繁荣：大众创新如何带来国家繁荣》指出"草根创新"缔造了国家繁荣。法国产品浪漫时尚，与法国人注重设计的工业性格有关。而中国产品走向世界，不断赢得好口碑，靠的是中国人精益求精、吃苦耐劳、坚韧不拔的制造业精神。

据之前统计，全球寿命超过200年的企业，日本有3146家，德国有837家，荷兰有222家，法国有196家。日本有3万家企业的寿命超过100年，10多家企业的寿命超过1000年。之所以长寿，核心是它们都在传承着一种匠心永恒、创新不断、不违契约和坚持长期主义的工业精神，这些是基业长青的法宝。

3. 纪律规范型人格

严格的纪律与规则意识是工业精神的核心内容，是工业组织取得成功的重要保障。以机器大生产为代表的工业化时代，员工需要遵守劳动纪律，按时上下班，守时守责，不能擅离岗位；需要具备按章行事和令行禁止的作风；需要具备规范化的操作流程和质量要求。这些纪律要求在工业化和社会化过程中，逐渐内化为人们的心理认知和情感态度，培养了产业工人的纪律性、制度意识和规范意识，锻造了企业的战斗力和执行力。华为等企业强调没有任何借口，培养纪律型人格，提高组织执行力。

4. 协作合作型人格

当今中国进入了大协作、大协调时代。协作协调发展是中国的最大优势，是中国经济发展的内在要求和基本规律。这种经济体制和管理模式塑造了中国人的全局观、系统观、整体观的协作型人格，折射出中国和谐共存的包容性智慧。

锻造隐形冠军企业，必须着眼于员工素质的提升和工业人格的现代化，塑造现代化工匠型人格，这也是一项长期的战略任务。人的现代化是一个国家的时代命题。建设现代化强国，必须首先实现人的现代化。中国的现代化建设，不仅要重视"以物为本"的现代化，更要坚持"以人为本"的现代化。要使企业强大，必须使员工的心理强大、人格完美。只有实现人格完美，才能促进质量完美。只有实现员工素质的现代化，才能实现企业经营管理的现代化。

（三）微精进的持续改善

孔子曰："苟日新，日日新，又日新。"隐形冠军企业要不断践行儒家思想，天天有进步，日日有更新。

德国制造业有数不胜数的隐形冠军企业，主要靠的就是极致文化。德国是一个产生哲学家的国度，如黑格尔、叔本华、尼采、费尔巴哈、费希特、马克思等。严谨、理性、专注、执着、思辨是哲学的最显著特点。德国制造尤其注重持续改善和永远改善，最后形成极致。

日本也是盛产隐形冠军的国家，日本企业的高质量主要靠精益文化和精益制造，丰田汽车公司倡导质量标准达到 99.99%，然后用 99.99% 的精力，完善 0.01% 的产品质量。

改善永远是企业管理的不变法则，是一个系统性工程，永无止境。企业质量改善涉及方方面面，有产品质量改善，有技术质量改善，有服务质量改善，有管理质量改善，还有战略层面改善，质量改善必须是全方位的。隐形冠军企业只有靠日复一日、年复一年的持久改善，只有靠"日事日毕，日清日高"才能够摘取桂冠，这是企业的源头活水。

三、走价值链升级之路

　　实施精约化战略，要通过提升价值链水平实现效益最大化。企业的竞争是产品、渠道、价格、性价比、服务、技术、品牌的综合竞争，即价值链的竞争。在长期的市场竞争中，中小企业主要依靠低成本、低价格优势，缺技术，缺品牌，缺高质量服务，缺乏综合竞争力，处在价值链的低端。赫尔曼·西蒙主张隐形冠军企业不走低价格扩张之路，不依靠最低的成本和最低的价格实现竞争，而是通过科学的定价策略和技术提升，在价格、成本和质量三者之间找到平衡，即提升价值链。

　　中小企业提升竞争能力，需要从价值链低端走向高端。宏碁集团创办人施振荣于1992年提出了"微笑曲线"理论，作为"再造宏碁"的策略方向。"微笑曲线"就是"U形曲线"，中间底部是制造，左上端是设计研发，右上端是营销、品牌和服务。全球制造供过于求，产生的利润相对较低，制造是低附加值的环节。研发与营销的不可替代性更强，是高附加值的区域。因此，产业未来方向应朝"微笑曲线"的两端发展，重塑价值链。在左上端加强研发，创造技术价值和知识产权；在右上端加强客户导向的营销与服务。

　　各国产业的竞争实质也是价值链的竞争，都在抢占价值链的高位。20世纪90年代，国际分工模式由产品分工向要素分工转变，产品型企业向技术型和营销型企业转型，全球产业链的产品研发、制造加工和流通环节加速调整。实力雄厚的跨国企业向设计研发高端进发，中低端制造纷纷向国外转移。发展中国家由于缺少核心技术和品牌，主要从事贸易加工和贴牌生产，企业被压制在价值链的低端，往往以低价格换取更多的订单。跨国企业掌握的研发环节和流通环节具有不可替代性，更具有话语权和掌控权。在这种潮流下，美国和日本的一些通信设备企业，纷纷放弃制造环节，向高端的半导体技术、芯片核心材料位移。

中国企业应把握产业链动态组合与创新的规律，敢于投入、大胆创新，通过掌握核心技术、创立自主品牌以及争取国际流通渠道主动权、终端市场控制权，向产业链高端延伸升级，从而形成新的产业链。

世界数字经济论坛主席、国际货币基金组织（IMF）前副总裁朱民作为历史上首位进入IMF高层的中国人，成就和影响力得到国际社会的广泛认可。2023年11月23日至26日，朱民在世界数字经济论坛上发表了《数字经济时代：数据走向资产和财富时代》演讲，提出中国制造业走向全球产业链高端就不怕"脱钩"，认为中国制造业在全球产业链的完整性加强，规模化和体系化不断扩大，同时实现数字化和高端化，使得全球的产业链都要向我们这个系统靠拢。可见，产业链的升级、完善和价值链的提升，是当代中国经济发展的一个重要战略问题。

美国学者迈克尔·波特第一个提出价值链的思想。波特将价值链描述成一个企业用来进行设计、生产、营销、交货等过程及对产品起辅助作用的各种相互分离的活动的集合，这种集合是一个创造价值的过程。所谓价值链，就是企业在设计、制造、营销、服务、流通的整个产业链和供应链中降低成本、整合资源、提升价值，从而实现利润最大化。每一个环节都是产生价值的活动，企业在价值链中有比较优势和核心竞争能力。那些真正创造价值的、具有比较优势的经营活动，才是最有价值的战略环节。只要控制住这些关键的战略环节，也就控制了整个价值链。企业要发展或保持自己的竞争优势，并不需要关注所有环节，关键是发展或保持那些创造价值、同时产生比较优势的战略环节的优势。

价值链有三个含义：其一，企业各项活动之间都有密切联系，如原料供应的计划性、及时性和协调一致性与企业的生产制造有密切联系；其二，每项活动都能给企业带来有形或无形的价值，如服务这条价值链，如果密切注意顾客所需或做好售后服务，就可以提高企业信誉，从而带来无形价值；其三，不仅包括企业内部各链式活动，还包括企业外部活动，如与供应商之间关系、与顾客之间联系。

目前，相当一部分跨国企业采用价值链理论来管理其全球价值链，最常见的做法是实施业务"归核"战略，把经营活动中产生核心能力的战略环节严格控制在企业内部，而将一些非战略性的活动外包出去，充分利用国际市场降低成本，提高竞争力和盈利水平。例如波音公司、苹果公司、耐克公司等企业进行全球布局，总部仅仅掌握产品设计与研发、营销这两项活动，其他如产品生产、物流等诸多职能全部采用外包。这种战略能将全部资源集中于产品研发和市场营销，进一步巩固其全球品牌的地位。

企业的比较优势在价值链的分布中是不均衡的，有的企业靠生产制胜，有的靠销售制胜，有的靠品牌和技术制胜。价值链理论完全颠覆了传统的"木桶理论"。"木桶理论"要求企业重点去"补短"，以保证企业"滴水不漏"，从而获得最大价值。而价值链理论则是干脆拆除企业竞争中的"短板"，打破"木桶"，加长原有的"长板"，实现核心竞争要素的优化组合，构建价值链的上升通道，从而实现最大的经济效益和社会效益。

在当下的市场竞争中，如何构建企业的价值链？价格、性价比、服务、品牌、技术是构成市场竞争的核心要素，这五大要素构成企业的竞争价值链。这五大要素的优化组合可以产生许许多多的竞争策略，万变不离其宗。要在价值链中取得比较竞争优势，抢占市场份额，提高市场占有率，很重要一个关键点就是从价格竞争转向价值竞争，构建两条价值链的上升通道。

（一）整合价格竞争链

房地产业有一句流行语：位置、位置，还是位置；地段、地段，还是地段。市场竞争也有一句流行语：价格、价格，还是价格。赫尔曼·西蒙写过一本书叫《定价制胜》，在世界工商界产生了很大的影响，深刻分析了价格对市场竞争的杠杆作用。

市场竞争绕不开价格问题，价格是市场竞争的基本元素。它是战略问题还是战术问题？两者兼而有之。产品走向市场，首先需要定价，定价就是定位，定位一定是战略问题；销售过程中的促销策略一定是战术问题。定价是迅速扩大市场还是主要赚取利润，两种价格策略是不一样的。很多企业为了占领市场，实行战略性亏损，先把网络铺起来。当年广汽本田推出"新雅阁"乘用车的时候，一次把价格降低五万元，这实际上就是一种战略考量。有的厂家一年降三次价，其实是一种战术手段。

价格是战略还是战术问题，关键看消费者对价格的敏感度。如果消费者对价格敏感度很高，视价格为消费的变量，价格发挥的作用相对较大，它就是一种战略要素。如果消费者对价格敏感度很低，涨价降价都无关紧要，价格发挥的作用相对较小，它就是一种战术要素。高端消费人群买豪宅，只要户型好，环境优美，价格不是主要考量，他们对价格的敏感度相对较低。通货膨胀期间，大众对食品的价格非常敏感，价格成为购买的主要参照系。一般而言，中国的消费者对价格的敏感度还是相对较高。尽管消费水平逐年提高，但价格杠杆仍然发挥重要作用。

从价值链角度分析，市场竞争呈现逻辑递进的规律。

企业要实现价格优势，必须实施成本领先，成本无优势就无法打价格战。成本领先战略，又称低成本战略，是指企业通过有效途径降低成本，使企业的全部成本低于竞争对手，甚至在同行业中是最低的，从而获取竞争优势的一种战略。成本领先战略的实现途经有两种：一是比竞争对手更有效地开展内部价值链管理；二是改造企业的价值链，省略或跨越一些高成本的价值链活动。成本领先战略的类型有五种：简化产品型、改进设计型、材料节约型、人工费用降低型和生产创新及自动化型。

格兰仕从生产微波炉到成为"国民家电"，从一家乡镇小企业到全球化布局，正在向千亿级企业迈进。格兰仕早期的成功主要靠价格战略，运用"反推"思维，采取消费者所能接受的定价策略，实施"倒逼战略"的价格战和总成本领先战略，优化企业的成本链。格兰仕结合中国的国情特点，利用国内劳动力成本远远低于发达国家的有利条件，通过接收对方的生产线，并以大大低于当地生产成本的价格给对方供货。以微波炉的变压器为例，当时日本进口价为23美元，欧洲进口价为30美元。格兰仕引进国外生产线，以8美元供货，最后把微波炉变压器的成本降到4美元。

成本优势随即被转化为价格战的资本。格兰仕凭借总成本领先，规模每上一个台阶就大幅降价。当生产规模达到125万台时，格兰仕就把出厂价定在规模为80万台的企业成本价以下；当规模达到300万台时，格兰仕又把出厂价调到规模为200万台的企业成本线以下。这样做致使规模较小的企业连续亏损。借此，格兰仕在全球平均两年消灭一个跨国对手，"持久价格战"策略巩固了市场地位，扩大了市场占有率，并以成倍增长的产量来降低自己的生产成本，阻击了一些杂牌微波炉的进入。

格兰仕秉持"抠成本，零缺陷"一步一步迈向市场高地。格兰仕把2020年定位为创新年，向世界级品牌和技术领先迈进，从贴牌到创牌，从制造到创造，走的就是一条价值链提升之路。

降低成本需要先从源头着手，从设计定型开始。浙江企业为什么能把产品做得那么便宜？一个水杯市场价20元，成本16元，浙江企业能把市场价做到15元，成本10元。生产设计任何产品，要找到全球最合适且最好的结构、最廉价且质量最好的原料。从源头开始，企业要在采购、生产、销售、服务一道道环节把关，优化每一道流程，才能把成本降下来，最后实现规模效益。

企业要实现成本领先优势，必须全方位优化企业管理流程，通过优化组织架构、管理体制、岗位、工作流程和绩效管理体系，把成本实实在在地降下来。管理流程优化有赖于人力资源管理的全面提升，通过有效的人力资源管理，优化组织岗位。人力资源管理的提升有赖于人的态度，人的态度就是事业心、责任感、成就感、忠诚度、团队合作精神和奉献精神。解决人的态度问题主要靠企业文化建设、思想建设和团队建设。

所以说，企业价格竞争的背后，不是简简单单地涨价和降价，而是把文化夯实了，把思想基础打牢了，把团队建好了，把人力资源管理优化了，把流程优化了，把成本实实在在地降下来，才能够实施价格战略。价格战略拼的是系统性竞争、综合性管理和价值链管理，这就需要以"全胜思想"和统筹战略观指导企业的价格竞争。

（二）提升价值竞争链

多年来，中国企业深陷价格战的泥潭，价格战打得很艰辛。提升价值链，就是要摆脱价格战的束缚，塑造高价格价值链，走向价值竞争。服务、品牌、技术都是实现价值竞争的重要武器。对广大中小企业而言，提升价值链的突破口在于服务，中小企业要在服务上着力。

提升价值链，实现高价格竞争，首先要做好服务战略。21世纪是服务的世纪，服务成为商业时代的主要特征。各行各业和各类企业最终还是靠服务取胜。提升服务价值是中小企业最现实的战略选择。中小企业缺乏品牌、技术和资金，如果在服务上再不确立优势，就很难有真正的优势。所以，服务战略是中小企业的核心战略。

当今世界，经济形态的转化经历了三个时代：产品经济时代、服务经济时代和体验经济时代。卖产品可以挣钱，卖服务也可以挣钱，卖体验更能挣钱。美国经济学家约瑟夫·派恩二世和詹姆斯·吉尔摩于1999年出版了《体验经济》一书。他们认为，人类社会在经历了农业经济、工业经济、服务经济三个阶段后，将进入体验经济阶段。《哈佛商业评论》在做出"体验经济时代到来"的预言时曾指出，体验就是企业以服务为舞台、以商品为道具、以消费者为中心，创造能够使消费者参与并值得回忆的活动。

为什么说体验经济时代已经来临？这是因为当代世界正在发生一场心理营销革命。营销是满足顾客需求和欲望的过程，所以开发需求是一个心理营销过程，市场营销的最高法则是心理营销，心理营销是市场营销的巅峰状态。

心理营销革命发生，是因为心理消费时代已经来临。人们不但重视物质的消费，也重视精神和心理的消费。精神和心理消费逐步成为一种主流消费模式。心理消费的模式变革是在我国消费升级的基础上发生的。

我国经济结构发生了根本性变化，也催生了消费模式的变革。过去，以满足人们的基本生存需要为主；当下，人们的生存需要发生了革命性的变化。花钱买感受，花钱买体验将成为一种消费时尚。

过去吃饱就行，现在强调膳食均衡、营养合理、吃出健康。

过去穿暖就行，现在强调时尚新潮、自信、自尊、美感。过去城镇5口人住在10平方米的房子不新鲜，今天强调宽敞舒适、清新宁静、相处和谐，中国房地产行业只用了20多年时间，从"安居"发展到今天的"宜居"，人们对环境和空气质量更加关注。行不再靠简单的代步工具，过去是马车，后来是自行车，现在是汽车。中国人对汽车的需求，早先讲安全性，后来讲舒适，现在有的还强调美感。

可见，人们的衣食住行需要已经从物质层面跃升到精神心理层面，消费者不再把"低价"作为消费最重要的考量，而是更看重商品的情感价值，更注重探究商品本身的精神底蕴，追求更高层次的需求满足，体验式心理消费渐成主流。

对中小企业而言，服务经济时代需要做好关系营销。所谓关系营销，通俗来讲就是把产品卖出去，在获得社会和消费者认可的同时实现盈利，其战略举措就是通过一系列周到的、细致的、贴心的和系统性的服务，建立与消费者更长久的关系，强化消费者的满意度和忠诚度，固化消费者的认知，培植消费者的情感，在消费者的心智中占有一席之地，让企业品牌和消费行为产生互动效应。

从20世纪50年代以来，市场营销理论不断发生演变。1956年，史密斯首次提出"市场细分"理论，1960年麦卡锡提出了传统营销"4P"模式，认为产品、价格、渠道、促销是市场营销的关键要素。20世纪70年代以后，市场营销大师科特勒提出了战略计划中的4P模式：研究、划分、优先、定位。20世纪90年代，舒尔茨等人提出了整合营销传播理论——4C理论，认为消费者的需求、付费的成本代价、便利、沟通是影响消费行为的核心要素。

如果把 4P 和 4C 做一个比较。4P 强调产品，4C 更强调消费者的需求，产品应按照消费者需求来确定；4P 强调价格，4C 更强调付费水平和成本，主张根据消费成本确定价格；4P 强调渠道，4C 更强调为消费者提供便利；4P 强调促销，4C 更强调沟通。

20 世纪 90 年代中后期，市场营销专家杰克逊提出关系营销理论，认为市场营销要达到两个指标：一个是顾客的满意度，一个是顾客的忠诚度。

比较这三种理论，4P 理论更强调卖方，强调生产厂家这一方；4C 理论更强调买方，更重视消费者；关系营销理论既重视买方，也重视卖方，主张在两者之间搭建一座桥梁。

关系营销理论的基本特点是从"元素论"到"系统论"，从"关心交易"到"关心关系"。传统营销的模式考量的是产品卖出去了没有，关系营销理论更强调消费的持续性和永久性，从追求短期利益转到追求长期利益，从一花独放到满园春色，在消费产品的同时，更注重长期关系的建立。

西方企业一直都很重视关系营销。20 世纪 90 年代中期，大型计算机市场开始萎缩，IBM 出现巨额亏损，委托一家猎头公司寻找一位 CEO 候选人，这家猎头公司推荐路易斯·郭士纳。董事会讨论时发现，路易斯·郭士纳原本是一家食品公司的老板，从未从事过 IT 行业，于是质疑他何以胜任。这家猎头公司反复论证，认为路易斯·郭士纳最为合适。他被任用以后，面对重重危机，改变了 IBM 的企业模型，把 IBM 从一家硬件生产公司变成了一个软硬件兼容的服务型公司。他带着一批营销人员，在第一线做大客户关系，短短 5 年时间，就让这家公司重回辉煌。

四、集中化战略

集中化战略，又称聚焦战略，是指企业的经营活动集中于某一特定的购买者集团、产品线的某一部分或某一地域市场上的一种战略。其核心是瞄准某个特定的用户群体、某种细分的产品线或某个细分市场。它主要有低成本集中和差异化集中两种形式。成本领先战略和差异化战略面向整个行业，在整个行业范围内进行活动，适用于大型的企业；集中化战略则是针对特定的细分市场，所以适用于中小企业和隐形冠军企业。

纵观世界经济发展，集群发展是工业化的必由之路，也是世界潮流。意大利素有"中小企业王国"之称，意大利经济是出口依存型和进口依存型并存，以出口为主。同业集群发展模式是意大利中小企业最鲜明的特色。如果说，日本中小企业的特色在于分包，为大企业提供服务；美国中小企业的特色是高新技术含量高；而意大利中小企业的特色则是地域同业中小企业集群，实质就是中小企业的有序分布。

意大利中小企业集群的形成有悠久的历史。从意大利中部到北部地区农村一直是小农形态，产生大量的农村剩余劳动力，农业负担较大，农民不得不从事副业生产。上流阶层的住房、服装、装饰品、家具、工艺品、马车便成为农民副业生产的对象，逐渐形成了手工业传统。第二次世界大战以后，在手工业基础上迅速发展形成了与人们生活息息相关的日用品产业。

中国经济和世界经济发展有一种规律性的轨迹：发展经济工业化，无"工"不富；工业发展园区化，通过园区集中发展工业；园区发展产业化，园区的产业布局要相对集群；产业发展精约化，产业产品要做精、做细、做优。发展经济工业化、工业发展园区化、园区发展产业化主要靠政府搭台；产业发展精约化主要靠企业运作。政府和企业紧密合作和相得益彰，才能够做强做大某一区域的地方经济。

中国沿海地区的政府和企业在改革开放的早期阶段就开始集群化布局和发展。20世纪末至21世纪初，产能过剩明显，钢材铝材过多，房地产过热，耐用消费品竞争白热化，产品高度同质化，薄利时代来临，盈利模式趋于瓶颈。在政府主导下，各地纷纷实施产业集群发展战略。

广东省搞专业镇产业集群。比如，佛山市顺德区做家电，诞生了格兰仕和美的这样强大的企业；乐从镇做家具，不久就成为全球最大的家具市场；中山市古镇做灯饰，全球市场份额占比第一；广州市花都区有几千家皮具厂，搞皮革制品产业集群；阳江市是著名的刀剪之乡，有数以千计的刀剪企业，中国刀剪出口份额占比达50%以上；东莞市虎门镇重点做大做强服装产业；长安镇重点发展五金设备。

福建省泉州市搞"一村一品、一镇一业"，推动了石材业、服装业、鞋帽业、茶业等行业的崛起。当今，泉州市的特色村镇和产业正在不断升级。如"永春香都小镇"围绕构建香产业超级生态链展开，着力打造香都先行示范区。石狮市祥芝镇以"以渔港辐射产业，以产业提升渔港"为发展思路，加快推进小镇渔港产业发展步伐，打造渔港风情小镇。南安市"文创智造小镇"以千亿产业集群，重点推动太阳能制造、电子通信、北斗导航为主导的高端智造产业发展。晋江市"泳装时尚小镇"以平台化思维建设集研发、设计、"智造"、展销和体验等功能为一体的泳装产业创业园和面辅料市场、电商工厂、商贸配套等，打造先进的泳装制造中心和工业旅游目的地。[19]

浙江省的早期经济模式被有的经济学家称为"小狗经济"。所谓"小狗经济"，就是三只小狗对付一头斑马，一只狗咬前腿，一只狗咬后腿，一只狗咬脖子。一个产品，几家企业同时生产，每家企业只生产产品中的一个零部件，这叫环节集中。所以供应链很集中，成本就低，价格就有优势，产品就有市场。这种集群的发展思路，催生了一批小企业的茁壮成长，浙江企业生产的打火机、纽扣、鞋袜等产品的经济规模都做到了世界第一。由于集群发展和规模化经营，成本和价格优势占据领先地位，从而使产品不断走向全国乃至全球市场。

当今，"合肥模式"风行中国乃至全球。"合肥模式"的内涵就是高科技和新经济产业集群。英国《经济学人》2023年8月5日刊发长篇评论文章，深入分析合肥市的城市发展路径，称"合肥模式"赋能城市经济高质量发展，并为中国其他城市发展提供实践范例。在合肥市"量子大道"，曾经是农业设备的制造地，而今成为全球高新技术企业最集中的地域之一，周边散布着数十家新兴的量子计算技术供应商。全球液晶显示器的

"领跑者"京东方、全球成长最快的新能源车企之一蔚来汽车均在合肥设厂；中国智能语音领域"领头羊"科大讯飞则是由合肥当地高校创办的；中国最先进的动态随机存取存储芯片制造商长鑫存储是由合肥市政府与企业合资创立。以上这些企业的产品都领先世界。地方政府与民营企业合力，共同培育高端制造、电动汽车、生物技术和半导体等产业。相关战略性新兴产业目前占据合肥市工业总产值的56%以上。外资企业也对"合肥效率"展现出认可。德国大众汽车在合肥的制造工厂已运行多年，2023年宣布计划在合肥设立一个价值10亿欧元的科创中心。

"合肥模式"之所以受到广泛关注，是因为合肥拥有大量受过高等教育、积极进取的人才资源，并建立"链长"机制。合肥确定了涵盖集成电路、新能源汽车、生物技术在内的多条主导产业链，由市政府官员牵头担任"链长"。"链长"与产业链中的企业共商共议，协力应对挑战、制订方案。

"合肥模式"之所以取得成功，是因为具备以下几个条件：建设新型产业和高端制造业集聚地；发展多层次资本市场支持创新创业；利用科技优势推进技术转化，形成创新优势；把有效市场和有为政府结合起来；把徽商文化发扬光大，弘扬企业家精神；充分融入长三角，搭上龙头发展的快车等。

20世纪80年代的"深圳模式"曾开创引入外资的先河，发展外源型经济，实行"三来一补"；建立市场经济体制，进行金融体制改革等，使中国南方成为世界工厂。"温州模式"表明民营企业能够在国内市场取得成功。当今，具备良好工业基础与教育资源的内陆城市或可复制合肥的成功经验。

"十四五"规划时期，中国的先进制造业集群发展蓝图酝酿待出。蓝图将围绕新一代信息技术、高端装备、新材料、生物医药、集成电路、航空航天、船舶与海洋工程装备、机器人、先进轨道交通装备、先进电力装备、工程机械、高端数控机床、医药及医疗设备等产业，推进产业集群发展。

培育发展一批先进制造业集群和一批具有全球竞争力的"链主"企业及"专精特新"中小企业，是推动我国制造业在产业组织和空间布局上实现高质量发展的重要支撑，对优化和稳定产业链、供应链，构建现代产业体系，畅通制造业国内国际双循环具有重要意义。与此同时，让更多的大型企业冲击"世界冠军"，也使更多的中小企业迈向"隐形冠军"之巅。

企业走精约化之路，有两种战略选择：一是横向发展，二是纵向发展。所谓横向发展，就是漫无边际地进行多元化；纵向发展就是相对集中，深度耕耘一个细分市场，做强一个产品。对广大中小企业而言，只能选择纵向发展和集中化战略，只能在迈向"隐形冠军"的道路上心无旁骛地进行精耕细作。

第五章

聚焦新颖化之路

当代市场竞争充满了复杂性、变异性和不确定性，同时也存在着同质化和结构性的过剩。在经济过剩和同质化时代，企业需要聚焦创新和差异化布局。新一轮科技革命和产业变革迅猛发展，新经济如雨后春笋般不断涌现，中小企业需要聚焦新产业、新产品、新技术、新商业模式，以创新驱动为牵引，走特色化和新颖化的发展之路，勇攀"隐形冠军"之巅。

一、聚焦新经济领域

从未来发展趋势看，隐形冠军不仅大量存在于制造业和配套产业，新经济领域也将涌现一大批隐形冠军。近年来，随着互联网、大数据、云计算、人工智能、区块链等技术加速创新，日益融入经济社会发展的各领域进程中，新经济发展速度之快、辐射范围之广、影响程度之深前所未有，正在成为重组全球要素资源、重塑全球经济结构、改变全球竞争格局的关键力量。

（一）捕捉数字经济的机遇

数字技术、数字经济是新经济的主要形态，是世界科技革命和产业变革的先机，是新一轮国际竞争的重点领域。数字经济具有高创新性、强渗透性、广覆盖性，不仅是新的经济增长点，而且是改造提升传统产业的支点，也是产生隐形冠军的土壤和温床。

2022年，我国的数字经济规模超过50万亿元，占GDP比重达41.5%，居全球第二，已成为我国经济发展的重要引擎。2023年10月份，规模以上航空航天器及设备制造业增加值同比增长12.3%；规模以上电子信息制造业增加值同比增长9.4%。工业机器人产量大幅增长。我国集成电路行业市场规模2022年达到 12036 亿元。"5G + 工业互联网"普遍应用，工业互联网产业规模迈过万亿元大关。2022 年我国云计算市场规模达到 4550 亿元，同比增长约 40.91%，未来几年，我国云计算市场仍将保持年均 30% 到 40% 的增速，2025 年的市场规模可能达到 1 万亿元。这些新兴产业的快速发展为中国经济注入了新的动力，推动了产业升级和转型升级。

随着新能源汽车、机器人、集成电路、人工智能、大数据、云计算、工业互联网等新产品行业集群化、信息化和智能化发展，以及中国制造加速向中国智造转型和产业数字化、智能化发展提速，中国必将在新经济领域催生一批中国式隐形冠军企业。

2021 年 10 月 18 日下午，中共中央政治局就推动我国数字经济健康发展进行第三十四次集体学习。中共中央总书记习近平在主持学习时强调，发展数字经济是把握新一轮科技革命和产业变革新机遇的战略选择。习近平指出，要推动数字经济和实体经济融合发展，把握数字化、网络化、智能化方向，推动制造业、服务业、农业等产业数字化，利用互联网新技术对传统产业进行全方位、全链条的改造，提高全要素生产率，发挥数字技术对经济发展的放大、叠加、倍增作用。要推动互联网、大数据、人工智能同产业深度融合，加快培育一批"专精特新"企业和制造业单项冠军企业。

对中小企业来说，要在新经济领域中实现"隐形冠军"的突起，需要确立产业发展的前瞻意识。从经济和社会发展的角度看，2020 年是人类历史上值得铭记的一年。工业时代历经百年形成的全球经济体系和治理体系，因为新冠疫情造成的困难而加速变革，并把 2020 年变成了人类从工业文明到数字文明演化的一个重要分水岭。人类文明正在呼唤数字经济时代的新社会秩序。

面对第四次工业革命，中国将成为引领者之一。第四次工业革命就是数字革命。以数字技术等为代表的数字生产力正在深刻改变工业时代形成的工业生产模式，对于信用、效率、创新等方面提出了革命性的要求。它为数据要素全面融入经济社会创设了一种机制、平台和通道，提供了无以量化的便利条件，从而构建一个全新的智慧社会、智慧城市、智慧企业。数字时代的财富效应将助推中国 GDP 走向全球领先，也会催生一批隐形冠军企业的崛起。

面对数字化浪潮和数字革命，中小企业和隐形冠军企业要加快"触网""触云"，加快构建生态链，加快对数字化场景的应用，加快数字化转型，加快用数字化改造传统产业。海尔集团董事局主席、首席执行官张瑞敏说，制造业的发展趋势是"根据每个用户的需求，既给出一个智能化的方案，又不断迭代、提高"。通过工业互联网与更广泛的生态系统连接，使中小企业不断打开数字化新空间。

第四次工业革命就是数字革命。以数字技术等为代表的数字生产力，正在深刻改变工业时代形成的工业生产模式，对于信用、效率、创新等方面提出了革命性的要求。

（二）聚焦新基建

新基建的扩容、升级和提质，加速了数字文明时代的转型，掀起了数字化转型浪潮，催快"数字中国"建设，各种数字化业务加快落地。美国战略学家帕拉格·康纳 2016 出版了《超级版图：全球供应链、超级城市与新商业文明的崛起》一书，认为未来 40 年的基础设施投入将超过人类过去 4000 年。新基建为中小企业带来了许多新的机遇，也必将成为隐形冠军企业突起的沃土。

中国的新基建规模前所未有，新基建概括为"三新一重"：新一代信息基础设施，主要包括 5G、工业互联网、大数据中心、人工智能、区块链；融合基础设施，主要包括智能交通、智慧城市、充电桩；科研基础设施，包含科学装置和科创中心。"重"指的是重大工程设施，包括轨道交通和水利建设等。

新基建为中小企业和隐形冠军企业提供了新的市场空间。2023 年前 10 个月，我国累计建成 5G 基站 321.5 万个，历史性实现全国市市通千兆、县县通 5G、村村通宽带，5G 移动电话用户总数达 7.54 亿户。2022 中国 5G+ 工业互联网大会上，工业和信息化部表示，全国"5G+ 工业互联网"在建项目超过 4000 个；2023 年，工业和信息化部最新数据显示，具有一定影响力的大型工业互联网平台超过 240 家。工业互联网快速发展，让供应链更加协同、高效，也让产业生态不断完善。"5G+ 工业互联网"成为应用创新最活跃的领域之一，覆盖电子设备制造、装备制造等诸多重点行业，形成远程设备操控、机器视觉质检等一批典型场景。网络化协同、服务化延伸等新模式、新业态孕育兴起，赋能、赋智、赋值作用逐步显现。

新型城镇化是未来新基建的重中之重。西方发达国家城市化率一般都在80%以上，2022年我国常住人口城镇化率约为65.2%，预估2030年将达到70%，2050年将达到80%左右。2021年3月12日，国家发布《中华人民共和国国民经济和社会发展第十四个五年规划和2035年远景目标纲要》，规划纲要中明确提出，发展壮大城市群和都市圈，全面形成"两横三纵"城镇化战略格局。优化提升京津冀、长三角、珠三角、成渝、长江中游等城市群，发展壮大山东半岛、粤闽浙沿海、中原、关中平原、北部湾等城市群，培育发展哈长、辽中南、山西中部、黔中、滇中、呼包鄂榆、兰州—西宁、宁夏沿黄、天山北坡等城市群。总共规划了19大城市群。

新型城镇化建设将带动城市基础设施、产业园区、产城融合和城市消费的快速发展，将为中国企业发展带来最少20年～30年的机遇期。中小企业可以切入智慧城市建设和城市更新升级改造，加大智慧政务、智慧社区、智能出行、智慧医疗、智能水电、智能安全、智能网络、智慧家居、智慧教育、智慧文旅、智慧物流等城市智能化的研发，开发配套产品和配套业务，拓宽新市场，力争赢得新的竞争优势。

（三）聚焦智能化配套产业布局

当前，中国经济面临新旧动能的转换，中小企业面临产业的布局和调整，如何调整布局？中小企业可以嵌入智能化产业，为智能化产业做配套，做大做强关键装备、核心零部件和高端材料，走"专精特新"之路，聚焦一种新产品、新技术，向"隐形冠军"进发。为此，中小企业可以从两个角度进行配套布局。

一是智能制造产业配套布局，实现数字产业化。这涉及数字化产业的方方面面，比如集成电路（芯片）、新型显示屏、智能终端、智能传感器、仪器仪表、网络通信、网络安全产品、软件服务、工业机器人、服务机器人、竞技机器人、医用机器人、建筑机器人等是最具前景的产业和产品。

二是制造智能产业配套布局，实现制造数字化，这涉及制造行业的方方面面，比如航天航空（天上飞的），船舶与海洋工程装备（水里游的），新汽车、高铁、城市轨道交通（地上跑的），生物医药与生命工程，新材料（稀土、合金、陶瓷、稀有金属、光刻胶、电子玻璃、特殊钢材、生物基、高性能纤维等新材料）、新能源、基础制造装备（数码机床、先进电力装备、工程机械、发动机、高端医疗设备等）、服务制造、绿色制造、节能环保、农业机械装备。

制造业与数字化深度融合，将会带来无限广阔的市场空间。2023年1月~11月，汽车制造业营业收入90663.5亿元，同比增长11.2%，利润总额达到4489.8亿元，同比增长2.9%。在整体经济下行压力增大的背景下，汽车制造业能够保持如此强劲的增长势头，充分展现了中国汽车产业的活力和韧性。智能化赋能造船业。2023年，中国造船业三大指标继续保持全球领先地位，造船完工量、新接订单量、手持订单量以载重吨计分别占世界总量的50.2%、66.6%、55%。这充分展示了中国造船业的实力和国际竞争力。信息技术与实体产业深度融合，促进制造业迈上了新台阶。

以上两种产业配套布局，为中小企业发展提供了"中间生存空间"。中小企业不具备做终端产品和大型设备的能力，不具备做数字技术的条件，但可以在智能化产业的"中间生存空间"寻找机会，做大做强中间产品、配套产品，甚至是一个小零部件。只要做到极致，就可能有机会成为隐形冠军。

二、强化持续的自主创新

新颖化之路就是创新之路。变革与创造是企业永不枯竭的源泉和动力,是企业发展的战略性资源。唯有创新,企业才能寻求战略突破。隐形冠军靠的是持续创新,尤其是坚持不懈的自主创新。

核心技术、关键装备和基础材料是买不来、要不来、讨不来的,中国企业需要破除技术依赖,走自主创新之路。自主创新是关系国家发展的一场"大决战"。中国是彩色电视机等电子产品生产大国,过去一直没有占领技术的制高点,生产一台手机卖100元,其中要付别人39元专利费。后来中国企业重视自主创新和研发,不但夺回了失去的中国市场,而且雄居世界。世界上有一种通行说法:一流企业做标准,二流企业做专利,三流企业做品牌,四流企业做服务,五流企业做产品。

走自主开发的道路,也是解决当前中国经济发展困境的必然选择。我国人口约占世界1/5,如果采用传统工业化模式,所需资源是巨量的。例如,20世纪的100年中,美国累计消费了约350亿吨石油、73亿吨钢、1.4亿吨铜、2亿吨铝、100亿吨水泥。

我国实现工业化所需的资源远远超过发达国家。如果不采用新型产业发展战略思路，在不久的将来，资源、能源和环境的硬约束将迫使我们付出惨痛代价而又不得不做出调整。走资源消耗式的发展道路肯定行不通，唯有走自主创新之路才是正道。

中国的自主创新有着雄厚的基础和很美好的前景。受创新驱动战略的引领，"十三五"期间，科技创新取得重大成就，硕果累累。量子卫星首发成功、首艘国产航母下水、世界最大单口径射电望远镜"中国天眼"FAST落成启用、人类探测器首次在月球背面软着陆、北斗导航系统完成全球组网，一大批工业互联网、人工智能企业快速成长。近年间取得的重大成就，都是持续投入厚积薄发的成果。据权威部门发布，全社会研发投入从2012年的1万亿元增长到2022年的超3万亿元，研发投入强度（与国内生产总值之比）从1.91%增长到2.55%。

世界知识产权组织发布的全球创新指数排名中，中国从2012年的第34位上升到2022年的第11位，拥有的全球百强科技创新集群数量首次跃居世界第一。我国逐步由人口大国向科技人力资源大国迈进。研发人员总量由2012年的325万人年，增长到2022年的600万人年，连续多年位居世界首位，占全球研发人员总量的比重超过30%。知识创造能力显著增强，专利产出稳步提高，逐步由专利大国向专利强国转变。

面对全球化竞争和国内经济发展背景，中国企业需要强化创新意识，提升自主性创新能力。习近平总书记在2016年网络安全和信息化工作座谈会上的讲话中提道："一个互联网企业即便规模再大、市值再高，如果核心元器件严重依赖外国，供应链的'命门'掌握在别人手里，那就好比在别人的墙基上砌房子，再大再漂亮也可能经不起风雨，甚至会不堪一击。"为此，我们要坚定信心，矢志不移，坚决搞技术研发，大企业可以搞大研发，小企业可以搞小研发。关键是中小企业和隐形冠军企业如何自主创新？

（一）走逆向开发的创新之路

中国企业所走过的创新道路，几乎都是从逆向开发开始的，首先进行逆向开发式的战略设计。奇瑞汽车1997年动工建设，2006年3月首次获得美国5000台发动机订单，颠覆了"市场换技术"的经营战略模式。他们遵循了一条从逆向开发向正向开发转型的战略思路。奇瑞最早推出的QQ产品，就是通过对国际同类产品的标杆车分析，对市场上主要竞争对手的车进行分解，得出自己的图纸和工艺的。这种逆向开发就是在别人原型车的基础上进行创新，也称为"反求工程"。

逆向开发是相对于正向开发而言，正向思维从过程推导结果，逆向思维从结果推导过程。逆向开发是一种逆向思维和"反求工程"。日本企业的崛起，在很大程度上得益于"反求工程"。

"反求工程"是以战略设计为指导，以现代设计理论、方法、技术为基础，运用各种专业人员的工程设计经验、知识和创新思维，对已有新产品进行解剖、深化和再创造，是对已有设计的设计。强调再创造是"反求"的灵魂。

"反求工程"是一种"反向设计"，是针对"正向设计"而言的。正向设计解答的是"怎么做"，即设计任务提出后，怎样实现和达到预定目标；反求回答的是"为什么要这样做"，即探索和掌握这种目标的设计者是如何一步一步实现的，反求别人的思考过程，摸清设计意图、技术路径、关键环节的解决思路。从这个意义上说，正向设计是主动的创造，反求设计是先被动、后主动的创造。

中小企业的创新，需要站在世界前沿，搜集最好的产品资讯，加大"反求工程"力度，吸收最先进的理念和设计方法，进行优—优组合，生产独具特色的"合金产品"，从而形成独特的核心竞争力。

雅迪香料（广州）有限公司为赶超国际水平，采用逆向开发模式，引入世界调香技术排行前十名的高级调香师韦·彼得和佛兰克先生先后担任研发中心首席技术官，建立起10余人的香精应用技术团队。这样做，一方面利用国外先进技术的引入帮助雅迪产品精益求精，更上一个台阶，产品品质始终与国际水平保持同步；另一方面在不断交流学习中开拓视野，提升企业本土研发人员的国际调香艺术素养和技能。雅迪用培养匠人的态度培养了一批功底扎实的骨干人才，大大提升了企业研发创新能力，为后续开发本土特色高品质的创新产品奠定了坚实的基础。

（二）资源互补性创新

中小企业往往处在产业链的中下端，技术、人才、品牌不具备优势，需要整合和借鉴外部资源，融入生态链，借势发展。中小企业搞创新，首先要向上游延伸，借用孵化器生产"战略鸡蛋"。随着科技的进步，科技孵化器和实验室经济成为重要的经济形态。实验室经济能够把知识转化为技术，也能够极大地帮助企业把技术转化为产品或产业。

1956年，美国纽约诞生了世界第一个企业孵化器，20世纪70年代中期，企业孵化器开始作为一种产业而兴起。企业孵化器在美国的工业实践中取得了卓越的成效，经企业孵化器孵化的企业，其成活率达到80%。我国第一家企业孵化器是1987年6月诞生的武汉东湖新技术创业中心。经过几十年的发展，我国企业孵化经济逐步成为一个完整的生态链，企业孵化器数量仅次于美国，居世界第二。

我国科技企业孵化器发展迅速，成果转化的基础设施条件大大改善，综合性科技企业孵化器、专业性科技企业孵化器、面向特定创业群体的孵化器等都得到较快发展。目前已有软件、集成电路设计、新材料、生物医药、光电信息等一批专业孵化器开始运行。近几年，加速创建面向特定创业群体的孵化器，包括为高校师生提供创业服务的大学科技园，为留学回国人员提供创业服务的留学生创业园，为企业职工提供创业服务的企业内部孵化器等。

中小企业利用孵化器的基本思路是，要么成为被孵化对象，成为中小型科技企业；要么资本投入，联合实验室共同开发技术；要么借用实验室的技术成果；要么利用高校人才，综合开发技术。

强调自主创新，并不能完全否认一些企业承包外包业务和贴牌生产。做外包和贴牌也是被"孵化"的过程。不同规模和性质的企业，面对不同的时期，处在不同的发展阶段，就应该有不同的应对策略。对一些中小企业而言，技术含量不够，品牌影响力比较弱，缺乏高质量的产品，市场运作能力不强，承包外包业务和贴牌生产是很现实的选择。国外经济学家认为，外包业务将促进新一轮服务业的变革。

随着国际产业分工的深化，越来越多的企业致力于把有限的资源集中于核心业务，而把非核心业务外包出去，OEM（代工生产）的生产组织方式孕育而生。一些国际上有名的手机生产企业，纷纷把手机主板和外壳外包，这样成本可以降低15%~20%，质量还可以得到提升。OEM是社会化大生产、大协作趋势下的一种必由之路，也是资源合理化整合的有效途径之一，是社会化大生产的结果。在欧洲，OEM生产已成为现代工业生产的重要组成部分。印度通过OEM的方式成为世界排名前列的计算机软件出口国。富士康科技集团通过代工成为行业巨头。

与此同时，ODM（原始设计制造商）生产组织方式逐步演变成一种趋势。OEM生产方式是制造商只负责生产过程，品牌厂商负责销售渠道、核心技术研发，承担营销风险和资金风险。ODM则由制造商设计和制造后，以品牌厂商名义出售产品。代工企业由单纯制造模式向设计—制造模式转型升级，提高了价值链水平。

因此，中小企业要借势和进行资源互补性创新，逐步从价值链的低端走向中高端，从贴"小牌"转向贴"大牌"、从OEM生产模式转向ODM设计—生产模式、从贴低附加值产品的"牌"转向贴高附加值产品的"牌"。通过贴牌，逐步以自身公司为平台，全面优化原有的生产线和流程管理，一边贴牌，一边研发生产自己的产品，逐步完成由贴牌到创牌，由跟进到超越；在学习中借鉴，在借鉴中提升。中小企业加速培养国际性人才，深谙国际化企业运作方式，抓住发展机遇，实现战略跃迁。

（三）走超越式创新之路

在人类发展史上，当今社会变化之快速、科学技术迭代升级之迅猛、知识信息量增长之多不曾有过。中小企业的自主创新既要循序渐进，更要超越式创新。超越式发展战略是针对循序发展战略而言的。循序发展往往是一步一个脚印，梯度推进，是企业不可绕过的战略选择，但要避免产生引进→落后→再引进→再落后的怪圈效应。

当今世界经济社会结构呈现一种梯度的变化格局。发达国家正处在"二进三、三进四"阶段。所谓"二"是指工业化时代，"三"是指信息化时代，"四"是指智能化时代。西方发达国家正由工业化时代全方位向信息化时代和智能化时代转型。中国处在"一进二、二进三、三进四"并存阶段。"一"是指农业化时代。中国现在是橄榄型经济社会结构，农业比重小，工业比重大，信息化和智能化次之。中国企业应该怎样发展？由"一"进"二"，"二"进"三"，再进到"四"，这叫"一步一趋"。我们必须采取跨越式发展思路，以"四"为先导，带动"一""二""三"的同步跃升。

中国用几十年时间走完了西方国家几百年走的道路，选择的是一种超越式发展模式。今天，中国企业仍然需要大跨度推进，实施跨越式创新。中国企业要瞄准世界科技前沿，聚焦经济主战场，迈向世界产业高地，加大战略性新兴产业和数字化产业的研发和投入，披荆斩棘，敢闯"无人区"，走出一条新型工业化、信息化和智能化的道路。中国企业要加快用数字化、智能化手段改造传统产业，在技术研发和产品开发上不能重复落后，必须超越常规，实现弯道超车或换道超车。

美国的产业发展给我们许多启示。20 世纪 80 年代，日本做大屏幕模拟信号的高清晰度彩色电视，美国甩开这个领域，换道超车，直接研究数字化电视。10 年之后，日本才起步研究数字化电视。1986 年，日本开发出新型高清晰度电视系统后，于 1991 年正式开始播放高清晰度电视节目。20 世纪 90 年代，美国进行视听数字化技术的研究和开发，使得在单个频道中可以传输多达 10 多套电视节目。由于数字化电视技术的应用，逼迫日本政府和企业不得不放弃原来的标准，使其在模拟式高清晰度电视方面 20 年的投资付诸东流。

20 世纪 80 年代，日本经济形势一片大好，美国经济出现减退现象。美国经济、企业和科学界人士考察日本经济后提出要振兴美国经济，发展信息产业是首要选择。20 世纪 90 年代初，美国采取跨越式发展，开放军事通信技术，走信息化发展道路，提出了"信息高速公路"概念并加以实施，从工业化时代跨向信息化时代，美国的信息产业把日本远远甩在后头。

中小企业实施跨越式发展战略，要学会利用后发优势，力求"弯道超车"或"换道超车"。中国半导体产业落后于国外，深受别人"卡脖子",如何追赶?中芯国际创始人张汝京表示,现在第三代半导体IDM(国际整合元件制造商)是主流,虽然中国现在在封装、测试、光科技等设备方面还跟国外有着较大的差距,但是在材料、生产制造、设计等方面跟国外已经相差无几,追赶是有机会的。第三代半导体遵循的不是"摩尔定律",而是"后摩尔定律"。他认为,中国半导体产业有机会实现"超车"。

(四)走梯度式创新之路

1966年,美国哈佛大学教授雷蒙德·弗农在《产品周期中的国际投资与国际贸易》一文中首次提出产品生命周期理论。弗农认为:产品生命周期分为三个阶段,即新产品阶段、成熟产品阶段和标准化产品阶段。这个周期在技术水平不同的国家里,呈现出产品的梯度式分布和空间上的不同布局。

20世纪80年代,中国开始导入产品生命周期的梯度推移理论。中国的东南沿海地区属于高梯度区,中部地区属于中等梯度区,西部地区属于低梯度区。经过30多年的发展,我国逐步形成了"重点突破,梯度推进,共同发展"的全新区域经济格局。东南沿海地区的产业产品和技术创新正在加速且大幅度地向中西部梯度转移。

梯度发展需要实施集中战略,集中优势兵力打歼灭战,不能平均和平推地部署战略资源。毛泽东的军事战略是从游击战、运动战到歼灭战的梯度推进。在敌强我弱的情况下,采用"敌进我退、敌驻我扰、敌疲我打、敌退我追"的战术。所谓游击战和运动战，就是大迂回、大纵深，集中优势兵力在运动中歼灭敌人，创造了"国民党军队的'四个轮子'跑不过解放军的'两条腿'"的历史佳话。毛泽东注重保持有生力量，放下包袱，抛开坛坛罐罐，"千里跃进大别山"，从"内线"跳到"外线"，寻机歼敌。解放战争期间，大兵团作战的条件基本成熟，于是集中所有兵力打围歼战。辽沈战役、淮海战役、平津战役，都是运用歼灭战的范例。中小企业的自主创新需要聚焦发展，集中优势兵力，在每个历史阶段和时间点上，攻克不同的技术难关，开发不同的产品，抢占不同的区域市场，从而逼近技术和市场的前沿阵地。

梯度式创新需要梯度布局，充分研究企业和产品的生命周期。过去企业产品各领风骚数十年，现在产品生命周期不断缩短。因此，梯度布局需要做产品技术线规划，需要储存战略预备队。梯度布局要聚焦一种发展思路：吃在碗里、看在锅里、想在田里。梯度布局要形成一种梯度格局：生产一代、研制一代、储备一代。华为的海思芯片和鸿蒙系统，都是梯度布局和梯度式创新的结果。

波士顿咨询公司创始人布鲁斯·亨德森于1970年提出一种关于产品梯度开发的矩阵理论。产品开发有两个象限：市场占有率（市场规模和相对竞争地位）和市场增长率（业务成长空间）。这两个象限的组合有四类产品结构：金牛型、明星型、瘦狗型、问题型，具体如图5-1所示。

```
                    高
                ┌────────┬────────┐
              高│ 明星型  │ 问题型 │
市              │   ★    │   ?    │
场              ├────────┼────────┤
增              │ 金牛型  │ 瘦狗型 │
长              │   牛   │   狗   │
率            低└────────┴────────┘
（业务成长空间） 高              低
              市场占有率（市场规模和相对竞争地位）
```

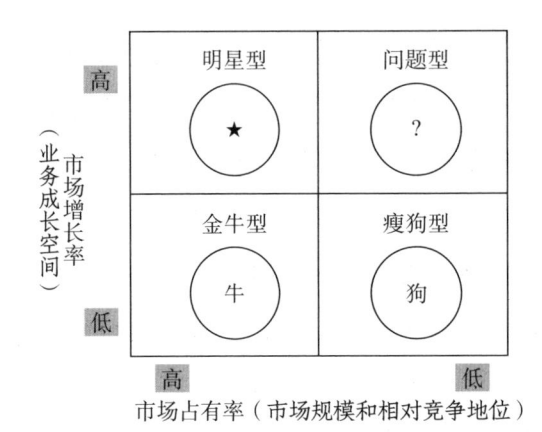

图 5-1　产品梯度开发的 BCG 矩阵理论

图中表明：金牛型的市场份额很高，成长性却降低了；明星型的市场份额很高，成长性也很高；问题型的市场份额很低，但成长性很高；瘦狗型的市场份额和成长性都很低。

对应的四种产品需要采用不同的梯度开发模式。以汽车为例，奥迪可以划为明星型，市场份额很大，成长性也很高；捷达家喻户晓，当年的市场份额很高，但成长性逐渐变弱，属于金牛型；当年的新能源汽车属于问题型，市场份额和成长性都比较低。企业的梯度发展战略可以选择以下四种模式。

第一种是"发展战略"，提高产品的市场占有率和市场增长率，适合于问题型和金牛型产品，把问题型和金牛型转化为明星型。

第二种是"维持战略"，就是维持产品的市场占有率，适合于金牛型和明星型产品。

第三种是"收获战略"，尽可能地追求短期利润，适合于比较弱小的金牛型和下一步准备放弃的瘦狗型产品，减少投资和开发力度，减少促销费用等成本开支。

第四种是"放弃战略",适合于缺乏成长的问题型和瘦狗型产品。

中小企业的自主性创新,应重视产品的战略诊断和战略分析,对产品开发的先后、投入强度和资源配置做梯度式布局,先发展什么产品,后发展什么业务,做出科学的战略决策,逐步形成梯度开发格局。

(五)走微创新之路

因为人才和资金的匮乏,中小企业走创新之路举步维艰,能否搞创新?细数这100年最伟大的100件产品,大部分都是小企业或大企业曾处于小企业状态时开发的。从一定意义上讲,中小企业是创新的主体。中小企业如何创新?可以选择微创新。所谓微创新,就是小发明、小创造;对现有技术和产品进行小改小革,不断改进,达到功能完善、结构优化。

美国经济学家、诺贝尔经济学奖得主埃德蒙·费尔普斯著有《大繁荣——大众创新如何带来国家繁荣》一书,他认为"草根创新"可以缔造国家繁荣。所谓"草根创新",就是大众创新和微创新。他在书中提出一个世界性的命题:为什么经济繁荣能于19世纪20年代到20世纪60年代在某些国家爆发?费尔普斯指出,这种兴盛的源泉是人们参与创造、探索和敢于挑战的现代价值观,并由此激发了自主创新和"草根"创业的活力。他认为大多数的新构思、新产品与新工艺是由千百万普通人共同开发和推广的,或对现状进行改进。正是这种大众参与的创新带来了国家经济的繁荣和人民生活的兴盛。

单项微创新重要性有限，但其数量很大，并贴近应用和生活场景。微创新的作用不可小觑，如果缺少微创新，许多重大科技成就难以充分转化为满足社会各方面需求的力量。另外，微创新成就的积累也可为下一轮重大创新奠定基础。一项重大科技成就可以触发大量微创新，由此形成新知识、新技术和产品集群，甚至可能触发社会的根本变革，使得新兴力量蓬勃涌现，重塑产业格局。

2023年9月27日，工业和信息化部公布了2023年度国家中小企业特色产业集群名单，全国100个产业集群入选中小企业特色产业集群"国家队"。其中，湖南省邵东市打火机产业集群成功入围。该行业兴起于1992年，经过30多年的发展，已成为邵东市的重要支柱产业，年产打火机150亿只，其中龙头企业（隐形冠军）东亿电气日产打火机超过1200万只，成为全球最大的打火机生产企业。邵东市打火机产业集群2022年实现生产总值125亿元，利税总额3.6亿元；打火机出口总量占全国打火机行业的70%，远销全球160个国家和地区；近五年，打火机出口保持10%以上的增长速度，2022年全年进出口总额达56亿元。

以科技创新赋能产业发展的邵东市打火机产业集群，目前拥有省级及以上公共服务平台18家，超100人的高层次科研队伍专门从事打火机产品研发。出口企业累计投资近10亿元，进行自动化升级改造，建成了全省一流的模具研发中心。拥有自动化生产设备2244台套件，工艺技术全国领先。邵东市打火机产业集群就是通过微创新不断改进和完善，在技术上实现了突破最关键的是他们发明了一种新的恒流阀技术，使打火机的火焰稳定而持久，并且节省燃料，可以大大延长打火机使用寿命，并以低价高质量的产品征服了全球市场，成为了全球打火机行业的领导者。

三、实施差异化的蓝海战略

在同质化竞争时代，中小企业和隐形冠军企业应该走差异化之路，开拓蓝海市场。新颖化的实质表现为差异化，企业选择差异化发展是一种战略必然。所谓差异化战略，就是在同质化竞争时代，为了使企业产品与竞争对手产品有明显的区别，形成与众不同的特点而采取的一种战略，其核心是取得某种对顾客有价值的独特性和新颖性。

企业通过产品、服务与品牌形象的差异化定位，可以强化顾客对产品的认知，培养顾客对品牌的忠诚，降低顾客对价格的敏感性，实现差异化战略；即使价格高于同类其他产品，顾客也会产生偏爱。因此，差异化战略是企业获得高于同行业平均利润水平的一种有效策略。

（一）寻找蓝海市场

实施差异化战略，需要寻找和开发蓝海市场。蓝海是相对于红海而言的。红海指的是已经存在的产业、产品和业务，甚至是竞争日益白热化的行业。蓝海是过去从未有的颠覆性的产业、产品和市场。红海市场如战场，具有军事化特点，深受军事战略的影响；蓝海市场是暂时无人涉及、无人争抢的一片高地、一个平静的港湾。红海战略是在差异化与低成本之间做出战略选择，蓝海战略是同时追求差异化与低成本的最大效益化。

红海战略是开发现有需求，蓝海战略是创造和获取新的需求。蓝海战略是把市场营销的主要着眼点放在潜在需求，通过营销策划把消费者的潜在需求转化为现实需求，在现实需求的基础上引导消费者产生消费行为，在个体消费行为的基础上形成"你买、我买、大家都买"的消费链，消费链越广泛、越充分，市场就越大。

中小企业实施差异化战略，应该重点开发两大蓝海市场。

一是开发新兴业务，积极探索"无人区"，开发空白市场。120年前，汽车、音乐录制、航空、石油化工、医药卫生、管理咨询等行业还没有出现，属于蓝海市场；40年前，共同基金、移动电话、燃气电站、生物技术、折扣零售、包裹速递、滑雪板、咖啡吧、家庭录像带租售等业务也属于蓝海市场。互联网、光伏产业、3D打印机、机器人、人工智能等在没有出现之前，都属于蓝海市场和新兴业务。

携程旅行网是一家在线票务服务公司，创立于1999年，它最早利用互联网平台把航空、酒店、旅游有机结合起来，通过资源整合，开发过去不曾有过的蓝海市场和新兴业务。目前携程旅行网拥有国内外60余万家会员酒店可供预订，是中国领先的酒店预订服务中心。

二是开发传统业务。蓝海战略在开发新兴市场的同时，也要着眼于传统市场，使传统产业和传统业务焕发新的活力，获得新生。

分众传媒诞生于 2003 年，在全球范围首创电梯媒体，根据特定人群的消费特点，精准定位楼宇广告市场的受众，通过平台经济的商业模式迅速做大市场，在传统广告行业找到一片全新的蓝海市场，催生传统业务突破性或爆发性增长。

截至 2023Q2 财报，分众传媒的生活圈媒体网络覆盖国内约 300 个城市和地区以及韩国、新加坡、泰国、印度尼西亚等国的 70 多个主要城市；公司加盟电梯电视媒体设备约 5.2 万台，每天精准"辐射"4 亿城市人口。

当年娃哈哈、乐百氏矿泉水占据市场主导地位的时候，农夫山泉让人广为传颂的"农夫山泉有点甜"的特色广告语深入人心。农夫山泉巧妙地把"农夫、山泉、有点甜"几种元素整合起来，唤起消费者环保、自然、健康的消费欲望，赢得了市场的青睐，在传统的饮料业务中异军突起。

如何开发和运作蓝海市场？蓝海战略的运作框架可以总结为八个字：剔除、减少、增加、创造，其战略思维如下。

①在本行业所有要素中哪些要素是应该去除的（剔除）？

②哪些要素应该降低到本行业标准以下（减少）？

③哪些要素应该提高到本行业标准以上（增加）？

④应该创造哪些从未有过的要素（创造）？

开发蓝海产品，寻找蓝海市场，就是要做到剔除一点、减少一点、增加一点、创造一点，体现特色化、新颖化和差异化，或者在行业实现颠覆性的突破。

（二）做好细节

英国国王理查三世与里奇蒙德伯爵亨利在1485年的一场战役被编成了民谣：失去了一颗铁钉，丢了一只马蹄铁；丢了一只马蹄铁，折了一匹战马；折了一匹战马，损了一个国王；损了一个国王，输了一场战争。"无关紧要的细节性问题"往往是至关重要的潜在危机信号。

史蒂夫·乔布斯给人类留下的最后一件艺术品"iPhone 4"，全球大多数消费者认为"长一分则太长，短一分则太短；厚一分则太厚，薄一分则太薄；重一分则太重，轻一分则太轻"。细节的完美，成就了完美产品。

所谓差异化，就是要寻找与竞争对手的差异，人无我有，人有我优。当今时代，没有任何一家企业能够全面超越对手，只能做好局部上的突破，做好细节上的突破，做好某个点上的突破。差异化来自细节，做好细节是实现差异化的重要手段，战略决定成败，细节决定优劣。

日本是一个非常注重细节的民族，精细化管理渗透到了各个环节。瑞士是"手表王国"，日本把电子技术应用到手表中，取代瑞士成为"手表王国"。从1909年到1980年，美国汽车独占鳌头，后来日本成为这个行业的第一。源由何在？就凭一点：省油。

日本的工业化产品更新换代速度之快，源于日本企业在产品开发时通常采用"反求工程"，无论生产何种产品，都注重吸取各国产品的细节精华，然后进行"优—优"组合。正因为日本企业有这种"反求工程"和注重细节的改善，使得产品具有差异化特征，一代优于一代，加快了更新速度，从而迅速走向世界市场。

可口可乐公司多年来不断超越，很重要的一点就是根据不同国家民族特点和不同的消费者，在品牌形象定位上注重细节：在美国以牛仔形象示人，在法国以浪漫情调表达，在德国的形象深沉理性，在非洲的形象略显狂热，在中国以温和柔性传达内涵，在世界各地，广告品牌形象都能够深入扎根在消费者心中。家电、冰箱、空调产品的功能和结构很难体现出差异化，但有的企业和迪士尼深度合作，把唐老鸭、米老鼠形象印在产品上面，提高产品的识别度，通过细节吸引消费者的眼球。

西方有一种"颜色营销"理论，认为购买行为和购买力主要是由女性决定的。而女性消费表现出"7秒钟定律"，即7秒钟决定是否购买。著名的"7秒钟定律"理论指出，在这个推崇个性的时代，人们在选择商品的时候只要7秒钟就可以确定自己对这些商品是否感兴趣。而在这短暂而关键的7秒之中，色彩的细节作用占比达到了67%，颜色的差异化对女性的购买行为产生了至关重要的作用。因此，实施差异化战略，必须找到消费者的差异化需求，以适应消费者追求个性化的细节偏好。

如何做好细节呢？只有把细节做完美了才有价值，才有核心竞争力。将细节做到完美，需要多走一步、多做一点、多赢一点。宗庆后总结娃哈哈成功的经验时通常讲一句话："比别人多走一步。"在科技日新月异和产业链非常完备的今天，企业无法全面超越对手，只有保持微弱的优势才能成功，这就是新时代的竞争法则。美国战略管理专家弗雷德·R·戴维给企业家讲了一个生动的故事：两个商人去考察森林资源，突然前面来了一头熊。其中一个商人把自己的挎包取下来，从包里掏出运动鞋。"你干什么呀？""我换鞋子。""你换鞋子干什么呀？""跑啊。""你跑得过熊吗？""尽管我跑不过熊，但能跑过你。"从传统意义上来讲，狼或熊来了，自己先于对手跑掉就能生存，只要保持微弱的优势就能成功。这就是企业在市场竞争中的生存法则。

在今天激烈的市场竞争中，开发蓝海市场、做好细节并实现差异化战略需要做好市场细分。市场细分是竞争的基础和前提，也是投资的基础和前提。产品切入市场之前，需要细分客户的年龄、性别、受教育程度、收入和消费水平、文化背景、风土民情等不同的需求。不同的消费者有不同的消费模式和细节偏好，从而形成不同的消费群体，找准人群定位，才能赢得市场。

四、磨砺创新思维

持续创新是中小企业迈向"隐形冠军"之路的首要条件。创新是第一生产力，创造力是中小企业的核心竞争力。未来的经济和科技竞争将集中在创造性人才的竞争上。对员工创造力的培养，要在加强逻辑思维能力训练的基础上，开发创造性思维能力和丰富的想象力。

（一）求异思维的培养

求异思维是从同一来源探求不同答案的思维过程和方法，从不同方面进行思考。求异思维较之求同思维具有更强的创造性，解决工作中较为复杂的难题需要具备求异思维能力。

培养求异思维，就是要克服思维定式。思维定式是指人们按一种固定的思路去考虑问题，表现出思维的一种倾向性。它是以人们过去的知识经验为基础，主观地认识当前的事物，是一种习惯性思维。有人饱读兵书，身经百战，一旦思维被某种习惯性的套路禁锢住，料敌用兵时便会不由自主地顺着这个固定的套路去思考问题，处理情况，这样必然吞下对方投来的饵食。

浏览战史，不难发现这一个常将指挥员引入迷途的思维误区不胜枚举。比如营门大开，旗帜井然，以为必定有诈，不敢冒然冲杀，结果中了缓兵之计；放着大路不敢走，以为必定有埋伏，结果绕来绕去，反倒钻进了对方的伏击圈；敌人开始火力急袭，以为接踵而来的必定是正面进攻，想不到背后突然响起了杀声；一列长长的坦克，车灯雪亮，大摇大摆穿过防区，以为"自家人"无疑，想不到竟是"借路"的敌人……这类"想不到"，并非由于鲁莽未加思考，而是由于思维定式导致的判断失误。

培养求异思维，就是要学会变通。企业战略管理的要义就在一个"变"字。招商银行从偏居深圳蛇口一隅的区域性小银行，发展到今天业务遍及世界。企业创立早期，提出了一个具有变革思想的广告创意："山，因势而变；水，因时而变；人，因思而变；招商银行，因您而变！"

古往今来，军事战略家都善用一个"变"字。兵无常势，水无常形。《孙子兵法》提出"用兵不复"的原理，重复任何一种作战样式是注定要失败的。法国马其诺防线固守传统战法，在历史上没有发挥任何作用。我国军事家刘伯承元帅把"用兵不复"用到了最高境界，创造了世界上独一无二的战斗范例。

1937年10月下旬，在129师师长刘伯承的指挥下，第386旅3天之内在七亘村同一地点对日军同一支部队两次设伏均获胜利。兵书上有"战胜不复"的禁忌，刘伯承巧用兵家之忌，创造了"迭伏成功"的奇迹。其奥秘在哪里呢？就是非常了解自己的对手。日本人对中国古代兵法很熟悉，懂得"兵无常势，水无常形""战胜不复"的用兵道理，断定我军绝对不会用兵家之忌，在第一次吃了败仗之后，又第二次"放心"地去原来的地方挨打。这就叫作"聪明反被聪明误"，重复了曹操败走华容道的三国故事。

赤壁之战曹操大败而逃，走到华容时，前面有一条大路和一条小路。小路山边有几处冒着烽烟，大路没有动静。曹操命令走小路。诸将说，有烽烟的地方必定有军马，为什么偏往那里走呢？曹操说："你们难道不知兵书上有'虚则实之，实则虚之'的道理吗？诸葛亮多谋，故意派人于山僻烧烟，使我军不敢从这条山路走，他却伏兵于大路等着，我偏不中他的计。"诸将都称赞曹操高明。没想到往小路上走，关云长正在前面等着。正因为曹操深懂兵法，诸葛亮来个反其道而行之，结果曹操上了当，中了计。假若遇到并不懂兵书的对手，这样做就一定失策。所以，用兵也好，办事也好，必须非常了解自己的对象或对手，特别要把握他们在特定时候的心态。

《孙子兵法》有云："能因敌变化而取胜者，谓之神。"用兵如神，神就在这里；办事高明，高明之处也就在这里。孙膑针对庞涓狂妄的特点，用减灶法诱使他驱兵追赶，结果庞涓中计兵败。诸葛亮针对司马懿谨慎小心的特点，在撤退时采取增灶法，使司马懿放弃了追赶。减灶也对，增灶也对，如果对象搞错了，增也不对，减也不对。可见，"变"就是"不变"，"不变"就是"变"。

培养求异思维，就是要克服心理障碍。在创新的过程中，人们往往有一种"常用不疑"的心理特点。事物的单调重复刺激容易减弱人们认识的敏捷性，通常讲的"习以为常"就指的是这种心理变化状态。人们往往还有一种先入为主的心理特点，对新异事物的认识，第一印象往往最深刻，容易产生肯定的情感。正因为这种情感的作用，使得人对后来事物的认识会倾向于先前的事物，从而产生错误的判断。

因此，培养求异思维，要多一点怀疑，多几层想象，在一致中找差异，对肯定的方面进行否定；养成独立式思维方式，克服"求同排异"、找"标签"的思维习惯，敢于标新立异，敢于怀疑，善于自变；敢于力排众议，挑战权威，顶住压力。

（二）直觉思维的培养

直觉思维是一种非逻辑性的创造思维。人在创造性活动中，一种想法戏剧性地直接跃入脑海。人们经常为"先前竟然不曾想到这个念头"而欣喜若狂。这种直觉思维就是大脑"超逻辑"的直觉推测功能，是在大量实践经验的基础上依靠灵感、启发、顿悟、推测和想象进行思维的一种形式，是一种没有经过严密的推理和验证而"蓦地"猜度到问题精要的心理现象和潜意识活动。直觉思维对于科学发明和实际工作都有非同寻常的意义。

直觉思维不是凭空而来，"灵感只光顾有准备的头脑"。灵感和直觉建立在观察能力的基础上，加强观察能力的训练是捕捉直觉的重要途径。

观察能力是通过精细的观察活动认识各种事物特点的能力。直觉思维能力强的人一般具有"观人于微，观事于微，观景于微"的能力。他们对事物的反应灵敏、细致、深刻、正确、完整且能坚持，敏锐的观察力促使他们对事物的反应具有选择性、理解性和整体性。在观察过程中，人们不仅要把握对象外部的、显著的强成分，还要把握对象表面上并不显眼、隐蔽的却又十分重要的弱成分。如《曹刿论战》一文中，曹刿是从"旗靡辙乱"这个人们易忽视的细节中抓住了反映事物本质的东西，对齐兵的败退做出了科学的判断,并据此取得战争的胜利。曹刿善于把握齐兵败退的各种表现中的某些重要的弱成分,说明他的知觉不仅具有良好的整体性,还具有良好的选择性和对细节深刻的理解性。

当今世界,变化万千,眼花缭乱,错综复杂,目不暇接。企业发展面临很多不确定性和易变性。企业家需要调整战略认知,拨开眼前的迷雾,强化变革的敏感度。创新是从模糊中寻找确定性,大胆的创举往往来自混沌的边缘。

(三)系统集成式思维的培养

新一轮科技革命的浪潮冲击着社会各个领域,需要人们利用系统、立体的思维方式进行集成性创新,运用网格化思维进行大跨度、多方向的跳跃、迁移,进行系统综合分析,使之释放最大能量。

古人就善于运用系统式的思维方式。《史记·孙子吴起列传》中记述了孙膑帮助田忌赛马取胜的故事:齐威王与大臣田忌赛马,先是两人各出上、中、下等三匹马,田忌三战三败。后来孙膑出了个主意,比赛时调整了一下马匹的顺序,让田忌以上等马对齐威王中等马,以中等马对齐威王下等马,以下等马对齐威王上等马,结果是两胜一败。由此可见,同样的马匹在条件差不多的情况下,顺序不一样,结果就不同。这种赛马方案的拟定,就是一种优化的集成思维和系统思维。随着科学技术的进步、知识的累积变化和社会立体式的发展,排列组合已经成为各个领域广泛运用的一种管理方法,同时也是人们思考问题、解决问题的一种思维样式。

任何事物通过组合式的系统思维，都可能创造出具有新特点的另一种事物。学科与学科的组合，可以形成一门新学科；多种技术的组合，可以创造出一项更先进的技术；人员与时间的优化组合，可以产生出更高的效益；文化和文明的优化组合，可以产生更优质的文化和文明。

培养系统集成式思维需要跨越时空，连接过去、现在和未来。在冷兵器时代，思维方式的基本特征是注重过去的经验，这种思维方式是"经验型"。在火器时代，思维的基本特征是十分重视对于客观现实的分析，这种思维方式可称为"现实型"。在现代，新技术、新发现、新思想层出不穷，人们刚刚获得一个新的认识，很快就被另一个更新的认识所修正，思维方式必须以"超越型"为先导。

这就需要人们集合历史、现在和未来的各种要素进行系统性的思考。过去人们习惯于"即时思维"与"向后看"，着眼于对眼前事物的判断和认识。数字化时代改变了人们的思维方式，发生了"未来想现在"的逆序式变化。超越时空的逆序思维方式决定人类的生存发展空间。

（四）发散思维和聚敛思维的培养

加强自主创新需要很强的判断能力，判断能力来自丰富的经验和辩证的思维。分析、比较、概括等逻辑判断思维对产品开发和技术创新有很重要的撬动作用。培养创造力需要聚焦"发散思维"和"聚敛思维"两种逻辑判断思维能力。

发散思维就是在一个棘手问题面前，能够提出种种解决方案和设想，善于凭借联想能力，对一种给定的事物产生多样性的反应，具有一种"自发可塑度"。

聚敛思维就是能够对错综复杂的事物做出定向分析，形成一种最佳的合乎逻辑的结论。企业有很多项目可投，但不能什么都投，要在众多项目中选优去劣；企业创新有很多可供选择的方案，必须选择一种最佳方案。这些都需要用到聚敛思维。

企业在创新管理过程中，需要把这两种思维有机结合起来，才能做出正确的判断。对事物的判断应少受成见、忖度、猜想、愿望、心情以及对事物态度的影响，在估计推理所依据的原始材料时犯的小错误和主观因素的影响，都会导致判断的错误，造成行动的失败。

五、优化与升华创新心理

创新往往是革命性的，以人的科学意识和创新精神为基础，以人的无畏冒险精神和牺牲精神为后盾，以整个社会宽容失败和鼓励创新为背景，以广大科技工作者的全身心投入为前提，需要根除心理的惰性，消除根深蒂固的保守观念，根治循规蹈矩、求稳趋同的心理特性，要敢于尝试失败。做好底层创新，尤其要克服心理的"钝化现象"，打破思维惰性，改变思维定式，提高心理的顺应力。

优化与升华创新心理，需要消除心理的惰性。《谁动了我的奶酪》这本书传播甚广，讲的是小矮人和小老鼠吃奶酪，当奶酪没有以后，小老鼠迅速调整方向，寻找到了新的奶酪；而小矮人左思右想：为什么奶酪没有了呢？谁拿走的呢？为什么这么不公平？最后他饿死了。究其原因，老鼠很简单，只有生存的本能，而人有复杂的思维系统和文化"包袱"。一个企业或一个人越成功，所背负的"包袱"就越沉重，对事物反应的敏感度就会降低，形成心理的"钝化现象"。因此，培养员工的创造力需要不断强化变革意识，增强他们对世界变化的警觉性、危机感和快速反应能力，防止"温水煮青蛙"的现象出现。

挪威人喜欢吃沙丁鱼，尤其是活鱼。市场上活沙丁鱼的价格要比死鱼高许多，所以渔民总是千方百计地想办法让沙丁鱼活着回到渔港。可是虽然经过种种努力，绝大部分沙丁鱼还是在中途因窒息而死亡。但却有一条渔船总能让大部分沙丁鱼活着回到渔港，他们在装满沙丁鱼的鱼槽里放进了一条以沙丁鱼为主要食物的鲶鱼。鲶鱼进入鱼槽后，由于环境陌生，便四处游动。沙丁鱼见了鲶鱼十分紧张，左冲右突，四处躲避，加速游动。这样一来，一条条沙丁鱼活蹦乱跳地回到了渔港。可见，沙丁鱼是受了外界刺激才保持了生机与活力。

企业需要不断补充"新鲜血液"，把那些富有朝气、思维敏捷的年轻生力军引入职工队伍中乃至管理层，给那些故步自封、因循守旧的员工带来竞争压力，唤起他们的生存意识和求胜之心；要不断引进新技术、新工艺、新设备、新管理理念，使企业在市场大潮中搏击风浪，增强生存能力和适应能力，这样可以产生一种"鲶鱼效应"，防止"心理钝化"。

第六章

聚焦双循环市场战略

隐形冠军企业以竞争为导向，通过发挥市场领导者的作用，创造共享价值，构建多赢格局，在竞争中达到和谐与平衡，实现企业可持续发展。隐形冠军企业的市场竞合战略，必须以双循环新格局为战略背景和依据，着眼于开拓中国和全球两个大市场，整合国际和国内两种资源。

当今世界正面临百年未有之大变局，中国面临的外部战略环境更加险恶，经济形势更加严峻复杂，不确定性和不稳定性加大。为此，2020年7月30日，中共中央政治局召开会议，会议指出，加快形成以国内大循环为主体、国内国际双循环相互促进的新发展格局。这一重大战略部署是一次战略大调整，形势所迫，时代所需，条件所限，国之所为。这种战略大转型来自经济发展模式自身内在变革的规律性要求。

"双循环"的战略要点，就是以供给侧结构性改革为战略方向，推动经济质量变革、效率变革，提高供给水平；以扩大内需为战略支点，紧紧围绕国内社会终端需求，开发需求潜能，满足全体人民日益增长的对美好生活的需要；着力打通生产、分配、流通、消费各个环节，从供求两端精准发力，做大做强供给端和需求端，实现供给和需求两端的自我强化，促进总供给和总需求在更高水平上实现动态平衡；依托国内市场实现良性循环，且以更加开放的决心和包容的姿态，通过内循环塑造外循环，以外循环推动内循环，良性互动，螺旋形上升。

具体来说，以内循环为主导，需要畅通四个链条：创造创新链、强化产业链、稳定供应链、提升价值链。努力实现优势领域、共性技术、关键技术的重大突破，打破关键零部件、关键原材料对国外依赖的瓶颈。增强中国与全球创新链、产业链、供应链的嵌入度；增强"中国制造"与"中国创造"、中国工业与中国服务、中国产品和中国品牌、中国设计和中国标准的匹配度。从代工贴牌转向自主知识产权、自主品牌、自主营销渠道，从全球产业链的低端进入中高端，全面提升我国产业在全球价值链的位势。

中小企业和隐形冠军企业需要依据双循环战略的核心要义，进行科学准确的战略定位、战略运筹、市场开拓、资源整合和人力资本的配置，实施国内国际市场双循环联动的竞合战略。

一、以国内大市场为主导

中国中小企业和隐形冠军企业需要提高国际国内两个市场相互之间的黏合度,并以开拓国内市场为主导。2020年7月21日,习近平总书记在企业家座谈会上强调:"以前,在经济全球化深入发展的外部环境下,市场和资源'两头在外'对我国快速发展发挥了重要作用。在当前保护主义上升、世界经济低迷、全球市场萎缩的外部环境下,我们必须充分发挥国内超大规模市场优势,通过繁荣国内经济、畅通国内大循环为我国经济发展增添动力,带动世界经济复苏。"

经济学常把投资、消费、出口比喻为拉动GDP增长的"三驾马车"。这三种动能在不同时期发挥了不同作用,过去,中国经济发展主要依赖投资和出口,消费动能相对较弱。但随着中国经济结构的深层调整,开发消费动能具有更大的潜力。如果实现人均消费水平的赶超,那么将大大推动中国经济的发展。

(一)在扩大内需中寻找机遇

要实现双循环的相互促进,内需是重点、关键与核心。内需有巨大的潜力。2018年11月5日,国家主席习近平在首届中国国际进口博览会开幕式上的主旨演讲中提道:"中国经济是一片大海，而不是一个小池塘……狂风骤雨可以掀翻小池塘，但不能掀翻大海。"中国实现国内大循环为主体符合现实能力条件。

2022年，国内固定资产投资总额突破57万亿元，全国社会消费品零售总额超过44万亿元。中国经济具备两个"80%特征"：80%的劳动力、资金、原材料、能源等生产要素由国内供应；80%的产出在国内市场销售。根据央行公布的数据，截至2023年10月末，我国本外币存款余额287.28万亿元，人民币存款余额281.65万亿元。根据第七次全国人口普查结果，我国总人口为14.43亿人。按照这个人口数计算，人均存款近10万元，可见，中国可以释放出巨大的消费潜能。

扩大内需，就必须扩大最终消费。扩大最终消费，就必须以稳就业为前提，以提高收入为核心，以财政政策为重要手段。我国人口超14亿人，其中劳动力近9亿人，中等收入群体4亿多人。人口规模创造了市场规模，也提供了源源不断的创新动力。

扩大内需就必须加大再分配力度，实施更加公平的收入分配，缓解城乡间、行业间和地区间的收入差距，着力解决好"未富先老"问题。大规模的老龄人口以及老龄化速度之快，构成中国未来的国情，也是制约经济发展的一个重要因素。老龄化是一个全球趋势。中国人口的变化经过两个转折点：第一个转折点是劳动年龄人口增长由正转负，大约从2012年开始，人口红利消失；第二个转折点是总人口增长从正到负，根据研究结果，2025—2030年中国总人口将到达峰值。在人口变化过程中，必须解决经济增长下滑以及带来的收入分配恶化问题。

"双循环"中最依赖的是居民收入。居民收入有三个重点：收入增长、收入分配和再分配。"十四五"规划时期,若我国经济保持每年5%左右的增长速度,到2025年左右,我国人均国民收入将达到约13770美元,超过世界银行2019年划分的12616美元高收入底线,有极大的可能跨过所谓的"中等收入陷阱"。我国在这个时期将大幅度地加大再分配力度,从而支撑内需增长。[20]

中国幅员辽阔,东部和中西部地区发展差异较大,正在形成梯度发展格局。东部沿海地区的发展势头迅猛,中西部后发优势明显,地域广、后劲强、周期长、空间大,可以为中国赢得20～30年的发展机遇期。

只有实施以国内大循环为主体的发展战略,我国区域发展布局、城市群建设和西部大开发战略才能得到全面展开和提速,实现战略纵深迂回。

为此,中小企业和隐形冠军企业应首先把战略重心放在中国的内需上,把国内市场作为主营阵地,适时调整区域市场布局,深耕国内市场,加大创新力度,持续改进质量,升华企业口碑,提高影响力,做大做强国内市场,通过内循环来重塑外循环,从而掌控全球化竞争优势。

(二)在"消费革命"中找到立足点

改革开放40多年来,中国经济发展孕育和推动了一场波澜壮阔的"消费革命",中国人的生活质量迈上了一个又一个新台阶,中国的消费市场呈现出五彩斑斓、绚丽多姿且令人目不暇接的生动景象。未来30年,中国经济主要靠消费拉动增长,消费者成为最重要的战略资源。

21世纪初，中国经济进入了产能过剩时代，物质极度丰富。人们的消费观念经历了从注重价格到注重性价比、品牌、服务、技术消费的全面转型。人们追求生活质量，更愿意为高性价比的产品买单；人们追求自尊，更愿意为品牌的溢价买单；人们追求新异，更愿意为个性化产品买单；人们追求时尚，更愿意为流行产品买单；人们追求创意，更愿意为技术产品买单；人们追求便利，更愿意通过线上消费；人们追求服务，更愿意体验式消费；人们追求身份认同，更愿意粉丝型消费。

个性化需求和科技的发展正在引发新一轮"消费革命"和"生产方式革命"，掀起新一轮个性供给与需求相匹配的新消费方式。大数据、云计算、人工智能和智能制造时代已经来临，供给方可以从前端通过应用程序、物联网、传感器采集用户个性定制的信息，同时后端的智能化制造工厂把流水线作业变成个性化智能生产，通过源源不断的供给和消费循环，从而催生更大的、更广泛的、更高层次的消费市场。

随着消费者年龄结构的变更、消费需求的分化和不同消费群体的崛起，中国的消费市场更加多样化和多元化。儿童消费、女性消费、男性消费、学生消费、老人消费和文化消费、社交消费、学习教育消费、娱乐体育消费、旅游休闲消费、美容保健消费、心理体验消费等构成消费图谱，加之5G将会重构商品、消费者、场景的关系，为智慧零售带来新模式、新场景、新服务、新产品和新体验的"五新"发展机遇，5G新场景催生的远程教育、远程医疗、智慧家庭、智能交通、智慧城市等消费新需求所释放的消费能量将成为激发中国经济发展的澎湃动力。

心理消费时代已经来临。人们不但需要消费物质，更需要消费精神、消费文化与消费心理。消费者由满足日常需求向追求品质转变，体验式消费逐步成为一种潮流。人们更多地追求心理、精神层面的满足，品牌消费、绿色消费等渐成热点。

中国正在崛起"心经济"，它是与心理消费相适应的经济形态。随着收入水平的不断提高，消费者不再把"低价"作为最重要的消费考量，更看重商品的情感价值，例如提供消遣、减轻焦虑、降低压力、带来愉悦感；更注重商品的生活价值和生命价值，例如改变生活、带来希望、自我实现以及超越自我，扩大社会影响；更关注产品的"温度"和人性化关怀，例如便利化的温馨、躁动中的静谧、些许自信和自尊。于是，花钱买感受、花钱买体验、花钱买自尊、花钱买成长等正在成为新消费时代的一种发展趋势和风尚。

近年来，新一轮"国货潮"扑面而来。以 90 后和 00 后为代表的新一代消费者正在成为主流消费群体，"国潮"成为新一代青年的生活方式。

随着新一代消费者的崛起，消费也开始从品牌化、大众化转变成个性化、情感化。他们的消费观念更加追求自我和个性，注重新潮和体验，注重自身价值的实现。这一代人生活条件相对优渥，用户价值和理性消费意识回归，拥有更高的美学和品牌鉴赏能力，对数字化和新媒体有更强的兴趣。针对目标年龄层喜好的某一款产品、一个场景、一个 IP、一个人设或一个故事更能吸引他们的眼球。

从以上分析可以看出，我国正在掀起一场史无前例的"消费革命",巨大的消费需求潜力将催生无与伦比的超大市场规模,形成全球性的市场优势,从而为中国企业提供更大的市场空间。

  面对新消费时代,中小企业和隐形冠军企业需要把握消费市场的趋势,打造出具有竞争力的产品,用消费者的需求变化倒逼转型升级;需要把握顾客消费心理和消费行为模式的变化趋势,精准洞察消费者的心理和需求,了解消费者所思、所想、所愿、所为。[21]

二、优化营商环境

开拓国内市场和培养更多的隐形冠军企业需要创建更好的营商环境，尤其是营商的心理环境。市场主体是经济发展的一股强大的内生力量，激发市场主体活力是我国发展经济的根本举措（截至2023年9月底，全国登记在册的经营主体达到1.81亿户）。

改革开放40多年来，企业释放的活力和取得的巨大成就主要依靠经济体制和市场机制改革调动了广大企业内在的积极性。一个地区的发展，短期靠项目，中期靠政策，长期靠环境。企业是"鱼"，市场经济是"水"。只有在清洁、流通的"江河湖海"里，"鱼"才可能活得健康、有活力。激发企业的活力需要构建企业生存的生态系统，并加快建设市场化、法治化、国际化的营商环境。

如何分辨营商环境的好坏？企业的感受最真实。优化营商环境的着眼点应该放在心理环境上。心理环境是德国心理学家库尔特·勒温提出的拓扑心理学中的一个基本概念，它是指对人的心理事件发生实际影响的环境。相对于物理环境，心理环境对人的行为影响更大。企业需要公平竞争的法治环境、开放有序的市场规则、包容审慎的监管模式，更需要激励创业的浓厚氛围和被社会承认的风气。企业热切期盼形成"审批事项最少、办事效率最高、投资环境最优、服务细致周全、政商关系亲清、企业获得感最强、企业家心情最舒畅"的生动局面。

营商环境的改善是政府和企业的良好互动和双向沟通。中小企业和隐形冠军企业需要提高心理预期，增强信心，积极而为，主动承担社会责任，想政府之所想。政府部门要急企业之所急，给它们吃"定心丸"，解决企业难题，强化他们的获得感和幸福感。中小企业和民营经济功不可没，所发挥的作用不可低估：它们贡献了中国经济50%以上的税收，60%以上的GDP，70%以上的技术创新成果和80%以上的城镇劳动就业，企业数量占全国市场主体总数的90%以上。民营企业市场敏感度高、产权明晰、机制灵活、运作有效、成本低廉，对国民经济的提升和扩容具有重大意义。[22]

三、走开放的全球化之路

构建新发展格局需要实现双循环联动。中小企业和隐形冠军企业在以国内市场为主导的前提下，要积极融入国际大循环，挺进国际市场。隐形冠军的"隐形"就是低调朴实，甘为人梯，常常不为外界所关注；"冠军"就是几乎主宰各自所在的市场，或占领着自己所在市场的极高份额，成为本行业的市场领导者。

如何成为隐形冠军？全球产业链、供应链、价值链联系日益紧密，开放性和全球化是隐形冠军企业的重要特征之一。2019年，第二届中国国际进口博览会在上海开幕，国家主席习近平在主旨演讲中指出："经济全球化是历史潮流。长江、尼罗河、亚马孙河、多瑙河昼夜不息、奔腾向前，尽管会出现一些回头浪，尽管会遇到很多险滩暗礁，但大江大河奔腾向前的势头是谁也阻挡不了的。"

中小企业和隐形冠军企业必须坚定地"走出去"，循着"一带一路"倡议的发展思路，利用发展时间差、产业更代差、人力成本差发挥比较优势，以贸易为先，逐步布局产能，提高市场全球化率。

(一)"走出去"战略

实施全球化战略,需要"走出去"。"走出去"战略是充分利用国内国外"两个市场、两种资源"的一种跨国整合模式。当前,无论从开拓市场空间、优化产业结构、获取经济资源、争取技术来源,还是突破贸易保护壁垒,培育中国具有国际竞争力的隐形冠军企业,"走出去"都是一种必然选择,也是中国对外开放提高到一个新水平的重要标志。

中国中小企业和隐形冠军企业需要毫不动摇地"走出去",开拓全球市场。中国企业家需要把握全球人口的增长趋势,找准市场定位。联合国经济和社会事务部的预测称:2030年全球人口将达到85亿,2050年将达到97亿,21世纪80年代达到峰值——104亿左右,此后将稳定在这一水平,直到2100年。中国企业家需要把全球消费者放在心中,创造世界消费者心仪的产品。丹麦的乐高,瑞士的雀巢,美国的麦当劳、肯德基都铺天盖地地涌向全球市场。中国企业家要有时代紧迫感。

1. 强化"走出去"的机遇意识

世界经济论坛主席克劳斯·施瓦布先生曾经讲过这样一个观点:20世纪是工业化时代,在工业化时代的竞争中,角逐谁是强者整整用了100年。21世纪是全球化时代,在全球化时代竞争中,角逐胜负还需要100年吗?不需要了,20年就够了!

中国将长期处在战略机遇期。在这种历史条件下,中小企业和隐形冠军企业想要取得长足的发展,就应当尽快融入全球化的浪潮，捕捉全球化给中国企业带来的机遇，切莫与机会擦肩而过。

改革开放以后，中国顺应全球化潮流，积极融入全球分工体系，创造了一部恢宏的对外开放史。回顾历史，面向未来，隐形冠军企业必须大力开拓市场，抢占全球市场制高点。

"走出去"战略是关系我国发展全局和前途的重大战略举措，是把中小企业和隐形冠军企业推向世界舞台的一个重要途径。"走出去"对企业的战略意义我认为有以下四点。

其一，在更加市场化、更加开放、更加相互依存的世界，通过对外投资和对外贸易，提高中国企业在全球细分市场的地位，在国际资源分配中争取一个更加有利的形势。

其二，通过提高引进外资质量和扩大对外投资这两个"轮子"，主动地在更广阔的空间进行产业结构调整和优化资源配置。在保持制造业优势的同时，向产业链高增值环节迈进，提升中国企业在国际分工中扮演的角色。

其三，中小企业和隐形冠军企业通过"走出去"，主动地从全球获取资金、技术、市场和战略资源。

其四，在外资企业大举进入中国并分享中国市场的情况下，中国企业必须考虑新的发展空间。在外资企业"走进来"的同时，中国有实力的企业也要"走出去"，发挥各自优势，从而获得战略优势和战略主导权。

中国企业是否能"走出去"？有人说，我的企业太小，走不出去。其实，这是一个误区。浙江省是产生隐形冠军企业最多的省份。浙江企业为什么能够"走出去"，生产的产品遍布全球市场?主要是靠"浙商"吃苦能干的创业精神、敢于冒险的开拓精神、卧薪尝胆的坚韧精神、自我纠正的包容精神和四海为家的"草根"精神。他们靠的是"四千"精神：走遍千山万水，历尽千辛万苦，道尽千言万语，想尽千方万法。这些精神是企业永不枯竭的源泉和动力，它将超越时空，具有永恒的价值。

2.抢抓"一带一路"倡议的战略机遇

任何国家都面临着发展问题，也都面临着发展中的困境。人类拥有解决全球性问题的共同诉求，为此，中国提出"一带一路"倡议，着眼于构建人类命运共同体。通过共商、共建、共享的国际合作，搭建国际公共平台，实现政策沟通、设施联通、贸易畅通、资金融通、民心相通，构建国际经济合作和安全治理的新模式。

"一带一路"横跨亚欧非大陆：一边是活跃的东亚经济圈，一边是发达的欧洲经济圈，中间有几十个有发展潜力的腹地国家，"一带一路"倡议的践行将给全人类带来巨大的福祉。"一带一路"倡议是一种新型全球化思路，具有更强的包容性。倡议旨在通过对接各国发展战略，深化产业链、供应链合作，搭建投资贸易便利化通道，开拓新的合作空间，发掘新的合作潜力，实现共同发展和共同繁荣，促进人类的和睦相处。

几年来，"一带一路"合作不断走深走实，成果超出预期。"一带一路"倡议在世界范围内产生了巨大的引力效应，越来越多的国家表现出强烈的合作意愿。截至2023年8月底，中国已与152个国家、32个国际组织签署了200多份共建"一带一路"合作文件。

实施全球化战略，中小企业需要根据国家"一带一路"倡议的指导思想，确定"走出去"的战略路线图。

首先，需要把开拓东盟市场作为战略重点。东盟国家处于"一带一路"的陆海交汇地带，是"一带一路"的支点区域。世界银行 2022 年数据显示，东南亚人口总量达到 6.6 亿人，11 国 GDP 大约 3.6 万亿美元，经济体量已经超过印度，仅次于美国、中国、日本和德国，位居全球第五位。全球经济发展的势头逐渐向东亚地区转移，这是世界经济发展的主要趋势，东盟国家只要把握机会、乘势而上，预估在 2035 年将成为仅次于中国和美国的第三大经济体。

2020 年东盟同我国进出口增长 7%，首次以 4.74 万亿元进出口额成为中国第一大贸易伙伴。2010 年到 2020 年这十年间，中国和东盟的经济合作硕果累累，塑造了"黄金十年"的佳话，未来双边贸易有望走向"钻石十年"。中国连续 14 年保持东盟最大贸易伙伴地位，双方连续三年互为最大贸易国。2022 年，中国—东盟贸易额超过 9700 亿美元，同比增长 11.2%。截至 2023 年 7 月，中国同东盟国家累计双向投资超过 3800 亿美元。

中国和东盟之间有政策沟通、设施联通、贸易畅通、资金融通和民心相通的系统性合作。中小企业"走出去"，首先需要试水东盟市场，把其作为向外拓展的先行区。

其次，企业还须加大欧洲市场（尤其是中东欧市场）、俄罗斯和中亚市场、非洲市场、西亚和阿拉伯海湾地区市场、南美洲市场、南太平洋地区市场等区域市场的开发力度。中小企业在

"走出去"之前，要充分做到知己知彼，对所要投资的国家地区的行业、产品、政策和人文背景了然于心，不能盲目，不要冒进，慎重决策，细心行进。

推动"一带一路"的深入发展需要长期不懈和坚韧不屈的艰苦努力，在"一带一路"倡议的践行中始终以善之心，以诚之心，以利他之心，以和谐共生、各美其美、美人之美、美美与共之心，打通心结，破解心理障碍，增进国际认同，架构心灵桥梁，实现国际社会的心理互联互通，这就是中国中小企业和隐形冠军企业"走出去"的基本遵循之道。

（二）国际本土化战略

不同国家有不同的利益诉求和价值追求，民心相通是前提，共同的价值观和文化心理认同是国际秩序得以维系的先决条件。无论是政府还是民间社会，只要有高度的认同感和战略互信，合作就有了坚实的心理基础，彼此连接就会十分顺畅。

中国企业"走出去"，并非一路坦途，将会遇到各种风险和挑战，甚至遭到一些不公平的待遇。这就需要加强与合作国的政府及民间的沟通。企业的经营理念能否被当地的居民所接受是关系到企业长期发展的关键问题。中国中小企业在"走出去"的过程中不要过分关注对具体产品和服务的经营，应重视对企业整体形象的经营与策划，多与合作国政府和行业协会进行沟通，多参与当地的活动，学习和了解当地的风俗习惯。中国中小企业在"走出去"的过程中，应避免因文化差异而引发的价值观、信仰、性格、习惯乃至生活方式的冲突，更要避免严重的人际冲突，尤其是要避免过低的价格竞争引发海外企业的抵制。

"走出去"是以开拓国际市场为目标，中国中小企业和隐形冠军企业需要规避陷入低技术含量→低成本→低价格→低档次→占领国外市场→遭遇反感和抵制→被逐出国外市场的怪圈。

同时，企业需要强化社会责任感，应在追求利润最大化的同时充分考虑到利益关系人的利益，充分考虑到当地消费者、股东、雇员、政府、社会等相关利益者的需要，扮演好社会角色，履行好跨国性的义务和责任；还需要强化合作及维权意识，避免单打独斗，克服只顾自己埋头赚钱、"多一事不如少一事"的态度，应抱团取暖，相向而行。

中国企业实施国际本土化战略与开拓全球化市场，需要探究外国消费者的需求、爱好、生活习俗、人际交往特性和对品牌的认知度，深度嵌入当地市场。

20世纪90年代后期，海尔就是靠恰当的本土化战略走向国际化，取得了骄人的成绩。开辟国际市场通常遵循的基本战略原则是"先易后难"，即先把容易攻克的市场拿下来，再去攻克难的市场。但是，海尔的国际化道路恰恰相反，采用了"先难后易"的原则。在世界范围内，哪个地区的市场最难进呢？欧洲市场。欧洲地区哪个国家市场最难进？德国。因此海尔第一个战略目标就是攻下德国市场，把德国市场攻下来以后，再迈向美国市场；把美国市场攻下以后，再迈向日本；之后以高屋建瓴之势向发展中国家迈进，这就是本土化的市场心理效应。

山东默锐科技有限公司坚持"内外贸一体化"。外贸出口额占总营业额的35%，客户遍及欧洲、美洲和亚太地区，与全球领先的化工企业，如美国陶氏、德国巴斯夫、德国郎盛等建立了多年的业务合作关系。同时，公司也注重本土化战略。2010年，公司雇佣美国本土员工，在新泽西成立了默锐美国研发技术中心（MTC），在研发新产品的同时为美洲客户提供技术营销。2015年，公司在德国的杜塞尔多夫设立默锐德国有限公司（Moris Deutschland GmbH），服务于欧洲客户的同时深入德国化工行业，搭建中德化工园区合作联盟，学习德国先进的管理理念与方法，提升中国企业的核心能力与竞争力。

当海尔以自主品牌"走出去"开拓国际市场时，也曾遭遇很多艰难，但最终实现了从"走出去"到"走进去""走上去"的转变，成为世界名牌。中国企业要真正实现全球化，就必须熟悉所在国国情，了解所在国的历史传统、民族习惯、政治体制、经济发展、人口状况、生态环境、科技教育、社会风俗、风土人情、人际交往方式等基本情况，提高协调沟通和化解矛盾冲突的能力。

四、塑造品牌影响力

对广大中小企业而言，实施聚焦竞合战略和双循环市场联动战略，无论是重点开发国内大市场，还是向外拓展国际市场，都必须提升品牌的市场影响力。品牌是企业竞争的利器，是企业竞争的撒手锏，是企业发展的生命线。

自2017年起，我国将每年5月10日设立为"中国品牌日"，"品牌强国"已经上升为国家战略。2019年5月10日，由中央广播电视总台发起的品牌强国战略联盟在北京成立，"中国品牌强国盛典"同时启动。

品牌是商业文明的集中体现，其内核是文化。进入新时代，品牌是一个企业存在与发展的灵魂。只有产品没有品牌，企业就没有文化内核，不可能得到持续发展。企业竞争的目的是实现利润最大化，要实现利润最大化就需要提高产品附加值并取得产品的边际效益，而产品附加值主要来源于提升品牌价值。同一产品，使用同一种材料和生产工艺，卖出的价格不一定相同，这里蕴含着品牌的价值。

企业商标和企业名称是品牌构成的重要组成部分和外在表现形式，但不是品牌的内涵。品牌的本质是要得到消费者的认可，是矗立在消费者心中的一座丰碑。可以说，品牌是一个心理学概念，品牌培育和消费的过程其实是一个心理学过程。可口可乐的品牌价值常年居世界高位，靠的就是品牌效应。可口可乐前董事长伍德鲁夫有一句名言："假如我的工厂被大火毁灭，假如遇到世界金融风暴，但只要有可口可乐的品牌，第二天我又将重新站起。"企业怎样创建品牌？主要分为品牌定位和打造口碑两个部分。

（一）品牌定位

西方竞争战略理论的代表人物迈克尔·波特认为：战略是定位、取舍，其实质是"确定什么可以不做"。被称为"定位之父"之一的杰克·特劳特认为：定位就是抢占消费者的心智。实施品牌战略，需要做好品牌定位。

品牌定位需要把握消费者对品牌的接受度。其接受度呈四个层次的心理递进：第一个层次是知名度，即被消费者认知的程度。产品业务推广越充分，认知度越高，品牌效应提升越快，这是品牌运作的通常规律。第二个层次是信誉度，诚实可信是品牌的本质要素，兑现承诺是品牌运作的基本要求。第三个层次是美誉度，认可度高，众口皆碑，口碑好才能在消费者心中立得住。第四个层次是忠诚度，夏去冬来，春起秋落，四季相伴，消费者对品牌的忠诚度决定了品牌的长久影响力。

品牌定位需要回答两个关键问题：我是谁？我的客户在哪里？"我是谁"是一个战略诊断问题，与竞争对手相比，企业的优势在哪里？劣势在哪里？机会在哪里？将面临哪些威胁和挑战？古希腊哲学家苏格拉底有句名言——"认识你自己"。对自身情况做出科学的判断，是取胜的前提条件。

"我的客户在哪里"是品牌定位的核心。品牌是企业形象的总体表现，是客户、消费者和社会认识企业的窗口。有人会问，你的企业是做什么的？回答这个问题，品牌定位的清晰度是最重要的。任何企业都需要回答一个问题：我们为谁做产品？制衣服给谁穿？盖房子给谁住？做餐饮让谁吃？搞旅游让谁来游玩？造汽车卖给谁？做产品给谁用？你的目标市场锁定在哪个社会阶层、哪个年龄阶段、哪个不同地域的消费者？精准的品牌定位和目标市场锁定，是赢得竞争的基本保证。

李宁（运动品牌）一直经历着品牌的定位和调整。自20世纪90年代创建以来，其潮涨潮落，跌宕起伏，从巅峰到低谷，又从低谷到巅峰，但始终以归零心态和"一切皆有可能"的态度，凭借着一股为中华民族争光的气概一次次挺了过来。曾经一路向好的李宁品牌从2011年开始走下坡路，2012年亏损近20亿元，2012—2014年总计亏损近30亿元。

在严重亏损的境况下，公司不断探索产品的品牌定位，曾经把目光放在90后身上，做90后产品，结果不如人意。之后，公司以"中国风"和"科技潮"的定位，以经典的红黄配色将中国元素与时尚设计巧妙融合，重新赢回了消费者的认可。2018年2月，李宁品牌首次参加纽约时装周：以"悟道"为主题，坚持国人"自省、自悟、自创"的精神内涵，以运动的视角表达对中国传统文化和现代潮流时尚的理解，引发如潮的好评。一夜之间，"中国李宁"的风潮席卷大街小巷，得到了90后乃至更年轻一代的青睐。李宁品牌从低谷中走了出来，两年多股价翻了六倍，利润成倍增长。[23]李宁品牌2022财年营收258.03亿元，同比增长14.3%，毛利124.85亿元，研发强度达到2.1%，十年间从谷底快速崛起。

李宁品牌乘着"国潮"的风浪，成了年轻人首选的信任品牌。可见，新国货和老字号都将迎来一次巨大的发展机遇。国潮复兴正在成为中国经济和新兴市场的靓丽底色，也为中小企业和隐形冠军企业打开了新的空间。

20世纪90年代，国内香精行业少有人问津，市场不够规范，没有正规的拥有一定知名度的国民品牌。

当时国内烘焙市场上的香精主要依靠进口，外企供货时间较长，还必须达到其规定的最低订货量。即便是在国内设厂的外资企业，最快的供货期也要10～15天。雅迪香料（广州）有限公司（以下简称雅迪）创始人武燕玲敏锐地觉察到，做自己品牌的机会来了。于是，她开始创建研发中心、生产基地，承诺从接订单到交货只需3天时间。同时，雅迪实行"最小批量，量身定做"的营销手段，比如生产远小于国外品牌规格的1.5升包装，客户购买雅迪的产品既方便快捷，又避免了库存积压，真正做到急客户之急，解客户之忧，陪伴客户共同成长，做一个有良心的企业，这打响了雅迪"百年香精国民品牌"第一枪！

要创建自己的品牌，首先必须做好定位。雅迪在目标市场选择上聚焦细分领域，专注于甜味香精市场的发展策略，产品定位中高端，客户群定位于成长中的企业，做专做精，初期凭借交货时间短和"最小批量，量身定做"的营销优势快速从进口品牌手中抢占市场份额，获得初步胜利。

同时，雅迪执着地深耕功能饮料细分领域，伴随整个行业共同发展。1995年中国红牛开创中国功能饮料市场。从红牛一家独大，到东鹏、乐虎、战马等百花齐放，雅迪专注于功能饮料香精产品的研究开发，服务行业龙头企业20余载。雅迪在行业客户中建立了很好的口碑，打开了知名度，凭借高水准、高质量的产品和优质的服务提升美誉度后，雅迪逐渐成为功能饮料香精领域的佼佼者，立下了心怀家国情怀，誓创"百年香精国民品牌"的雄心，向更高的目标冲刺。

品牌定位成功的关键是要贴近消费者，把握消费者的需求变化，真正做到个性化和差异化的定位。李宁品牌从低谷中走出来，就是准确把握了新生代对中国元素和科技元素的青睐。近些年来，国人对中国传统文化更加重视，对中国产品质量更有信心，对世界前沿科技更加向往，李宁品牌就是顺应了这种个性化心理需求，与消费者产生了心理认同。雅迪当初作为一家小企业，必须在夹缝中求生存，聚焦于甜味香精细分市场和中高端客户，从而找到差异化定位，赢得了市场。

雅迪于2016年首次获得"高新技术企业"认证，开启高科技、快创新、硬实力的快车道时代，随后不断提升，获得了"广东省专精特新中小企业"称号。

（二）打造口碑

心理学有一个关于消费的研究：当一个消费者买到一个好产品时，他会告诉3~5个人；当一个消费者买到一个不好的产品时，他会逢人便讲。依据消费者的品牌心理，品牌的培育主要靠口碑。品牌，就是"品"加"牌"。"品"代表品质，"牌"就是口碑。"口碑"指众人对品牌的颂扬、自发的赞美。隐形冠军企业不需要大宣传、广而告之，不需要很高的知名度、人人皆知，但其产品在行业和客户中需要有很好的口碑，品牌战略重在打造口碑。

在资本主义萌芽期，意大利威尼斯的金匠和银匠为了证明产品的真实性，在金器和银器上铭刻自己的姓氏，后来演化成商品的印记和商标。中国的制陶者在陶瓷生产过程中也在陶瓷上刻上印记。这些印记和商标，其实就是口碑效应。如何赢得口碑呢？

提升品质是基础。品质是企业的"生命线"，是消费者对品牌信赖的基本条件。保持品质、改善品质、磨砺品质是做口碑的前提。

诚实守信是基本原则。诚信是做口碑的信条，只有言行一致，表里如一，提供优质的产品和服务，才能使消费者不离不弃。

文化积淀是根本保障。品牌的口碑效应不是注重一时一事，而是要产生长久深远的影响，需要持之以恒，久久为功；要把品牌诉求的理性认识和感性认识结合起来，不断创造故事、讲好故事、传播故事。中国向外传播，树立中国形象，需要讲好中国故事；企业做口碑，强化消费者的认同，需要讲好企业故事。海尔一个"砸冰箱"的故事传播了30余年，几乎尽人皆知。

以品质为本、以文化为根是创建品牌的根本之道。云南滇南古韵茶业有限公司刘玲玲和罗斌两位领导者，在茶叶行业激烈竞争中脱颖而出，成为行业的佼佼者。公司规模不算大，贡献却不小。他们以匠心精神做品质，以文化传播做口碑，创建了滇南古韵、阿颇谷茶叶品牌。

茶中有文化，茶中有精神。宋代著名诗人欧阳修的《双井茶》中"岂知君子有常德，至宝不随时变易。君不见建溪龙凤团，不改旧时香味色"，已成了茶人传颂的名句。欧阳修精通儒学，也对茶道颇有研究，他借茶喻德，借茶性之洁歌颂人的高尚情操。唐代诗人韦应物对茶热爱无比，写下了不少赞美茶的诗篇，其《喜园中茶生》有这样的名句："洁性不可污，为饮涤尘烦。此物信灵味，本自出山原。"他把茶视为"灵物"，以茶的"洁净不可污"来比喻人品之高洁，将茶视为一种高雅的象征。

云南"三江并流"地区是欧亚大陆生物南北交错、东西汇合的通道，云集了南亚热带、中亚热带、北亚热带、暖温带、温带、寒温带和寒带的多种气候类型和植物群落；拥有全国20%以上的高等植物种类，被誉为"世界物种基因库"。茶树，山茶科植物中这一个较大的种群即起源于这一地区的延伸地带——澜沧江流域，云南也就成为人类使用茶叶的肇始地。

茶文化是茶品牌的灵魂。云南滇南古韵茶业有限公司利用云南自然环境、云南茶叶特色和茶文化的优势，通过全国各地举办的茶博会、职工培训、学校教育等平台，以芷兮文化为载体，让茶文化进课堂、进工厂、进乡村，不断弘扬、传承和传播茶文化，赋予茶以灵魂；同时聚焦生态茶园、绿色茶园，打造生机盎然的古茶山、古茶林、古茶园，把滇红茶叶品类做成了极品，赢得了行业和消费者的好口碑。[24]

隐形冠军企业之所以成为冠军，就是因为在长期的聚焦中注重品牌培育、产品开发和技术更新，持续改善品质，不断加强服务管理，做好关系营销，创造共享价值，逐步形成自身的核心竞争力，由价值链的低端走向高端。

五、市场竞争策略

现代竞争场上，变幻莫测，险象环生，"一着不慎，全盘皆输；一着占先，全盘皆活"。隐形冠军企业通常以竞争为导向，一个优秀的竞争领导者，应该是一个足智多谋的策略家。[25]

（一）经营竞争策略

有市场，就必然有竞争。经营竞争，实际是经营者与购买者的互动，这种互动要受人诸多的心理因素制约。因而，能否巧妙地运用各种心理手段，直接决定经营的成败。

1. 捕捉消费心理的变化

有一句俗语说得好："萝卜白菜，各有所爱。"即使同一种商品，有的人爱不释手，有的人则嗤之以鼻。"十人生九品，品品不同人。"不同的人，有不同的需要和爱好。经营的心理策略，首先要考虑到消费者心理活动的特点和差异。一般而论，消费者从事购买时的心理特点有如下几种。

（1）求新心理。

相传古代有一个北方燕国出生的人，在南方楚国长大，年迈以后才回自己的国家。从楚回燕，途经晋国，同伴开他的玩笑，指着晋国的城市说:"这是燕国的城镇。"那人顿生"少小离家老大回"之感,凄怆难受。同伴又指着土神祠说:"这便是你乡里的土神祠。"那人便唉声叹息起来。同伴最后指着一个土堆说:"这便是你祖先的坟墓。"那人便泣不成声了。这时同伴们哈哈大笑,告诉他刚才是在开玩笑,这里还是晋国,离燕国还远着呢!然而,那人后来到了燕国,真正看到了燕国的城市与神庙,真正见到了祖坟之后,他的心情反而没有那么悲痛了。

这个故事说明,一个事物对人的刺激,初始感受强烈,反复刺激就会增强耐受性,而最终感觉麻木。俗话说"物唯求新""宁啃鲜桃一口,不要烂桃一筐"。任何消费者总是喜欢新的消费品,追求新的款式、新的质量、新的情趣。

新产品和旧产品是不断转换的。新产品刚投放市场是新的,时过境迁,就变成旧的了。任何产品的诞生,都将重复这种发展、变化的模式。正因为如此,厂商为满足消费者的求新心理,必须不断改进旧产品,设计和生产新产品或新样式。其间,就常常出现市场曾出现的产品,只不过稍加更新,或者提高了内在质量,或者增加了新的功能,便能满足人们的求新需要。

(2)求廉心理。

俗语说:"一个便宜三个爱。"具有求廉心理的消费者,往往是处理品、特价品、折价品、低价品的主顾。从我国目前的消费水平来看,很多人是有这种求廉心理的。

(3)求荣心理。

这是一种以追求荣耀为主要目的的购买动机。比如,"科技热"一兴起,爱读书、讲科学成了社会公认的一种美德。所以,这些年不少家庭增置家具，都要买上书橱之类的东西，或是客厅挂上名家字画。有求荣心理的顾客，特别注重商品的威望和象征意义。

（4）逆反心理。

当人们对某种长期持续的消费方式感到厌倦，迫切希望有所改变而又不能如愿，不得不继续维持旧有的消费方式时，这种被压抑的消费需要一旦发展到极端，就可能引发逆反心理，导致逆反行为。比如，有的人在城市住久了，就向往宁静、清新的郊外乡村，这就是一种逆反心理和消费行为的周期性现象。

2. 捕捉"时尚"的变化

时尚俗称"时髦"，即新颖超前，也可以说是一时崇尚的方式。消费者通过对所崇尚的事物，获得一种心理上的满足。

时尚的兴起，可以自下而上，也可以从上而来。《韩非子》中有这样一则寓言故事：春秋时，齐国国君齐桓公喜欢穿紫颜色的衣服，故而全国的老百姓也仿效穿紫色衣服。桓公对此很忧虑，他觉得紫色衣服很贵，老百姓都这样做该如何是好？管仲向桓公献策道："您若要阻止这种风气，首先是自己不穿，还要告诉大臣们'我不喜欢紫色衣服'。您以后凡是看到穿紫色衣服的，必须讲'我嫌紫色衣服臭'。"齐桓公愿意试试看，于是，一天之内大臣们都不再穿紫色衣服了，一年之内他所统治的地区也无人再穿紫色衣服。

时尚的流行，纯属一种心理现象，它对社会购买模式的影响是无形而深远的。有经验的经营能手十分重视捕捉时尚的变化，及时组织适当的货源，投放市场，从而取得较大的利润。

时尚的变化规律是可以捕捉的。一位英国学者经过多年的研究后认为，时装的样式兴衰有一定的循环规律。如果一个人穿上离时兴还有 5 年的时装，就会被认为是"怪物"；在前 3 年穿会被认为是招摇过市；提前 1 年穿，会被认为是大胆的行为；正在时兴，穿这种衣服的人就会被认为非常得体；1 年后再穿就显得过时；5 年后再穿，就成了老古董；10 年后再穿只能招来耻笑；可是过二三十年后再穿，人们又会认为很新奇，具有独创精神了。

3. 激发购买欲望

在一家陶瓷商店里，摆着一批质量相当不错的紫砂茶壶。一位年近古稀的老人提起一个茶壶，反复端详，爱不释手，最后边摇头边说："好一把壶，怎么刻上这样的诗句。"原来，壶上刻着"夕阳无限好，只是近黄昏"。在旁一位中年教师忙插话说："老人家，你看如果改用叶帅的诗句'老夫喜作黄昏颂，满目青山夕照明'，怎么样？"老人答："这当然好啊！"在这里，纵然紫砂茶壶的质地是好的，人们也需要，问题就出在刻了背时的选句，这就抑制了人们的购买欲。

一般认为，购买欲来自顾客的消费需要，其实不然，有的人有了对某种商品的需要，可是逛了几圈市场，还是"举棋不定"，最终离开，这便是购买欲望没有得到适当刺激造成的。人的消费活动可分为两种类型：一类是必不可少的消费，如洗脸的毛巾破了，再买一条；肥皂用完了，再买一块。这种消费活动每个人都基本相同，而且是有一定限度的。还有一类是被激发的消费活动。一个人的衣服并没有破旧，但看到市场上有款式新颖、美观得体的衣服，而他又非常注重美观，就会立即购买。如何激发消费者的潜在需求和购买动机，是市场竞争取胜很值得重视的方面。

激发购买欲望要投其所好。成功的经营者都有了解消费者心理偏爱的特点。雪中宜送炭，雨中宜送伞。刺激购买欲，要掌握好"送炭"和"送伞"的机会。人的需要是具体的，既有"质"的规定性和层次性，又有"量"的界限性和时限性。一旦时过境迁，原有的需要发生了变化，经营者既要供其所需，还要急其所需。挖掘和刺激消费者较高层次的需要，能有效地激发购买欲。

（二）价格竞争策略

赫尔曼·西蒙是定价策略的顶级专家，著有《定价制胜：科学定价助力净利润倍增》。价格是决定产品和劳务销路的重要因素之一。一种产品的价格是否适当，往往直接影响其在市场中的竞争地位。从心理学观点看，价格常被用作一种刺激购买动机，以便减少消费者的尝试比较或提高购买率的重要手段。

1."0.99 元"标价

美国纽约曾有一家标价没有整数的小商店，商品标价都类似"0.99 元"。这家不起眼的小商店，生意却很兴隆。当年广州市场上出售的开平腐乳，有的每瓶售价一元整，有的则卖九角九分。在这里，价差虽然只有一分钱，但是，0.99元比1元的竞争力要强，原因在于"九角九分"是"角"，"一元整"是"元"，价格上差了一个档次；后者给人以"分毫不差"的感觉，从而使买者产生信任感，而前者则是概略性价格，买者会认为商品搞"四舍五入"，商家占了顾客的便宜。商业心理学家们认为，消费者从习惯上乐于接受和喜欢尾数价格，不喜欢整数价格。非整数价格给消费者造成价格偏低的感觉。例如，标价99.8元的录音机，给消费者的直接感受是价格在100元以下，"还不到100元"；倘若标价为101.5元，则给消费者的感受便是"100多元的录音机"。虽然两种价格相差无几，但在消费者心理上的差距却相当悬殊，同时，还给消费者一种商品降价的错觉。在某一条整数线以下的数字趋于减小的价格，如9元8角7分，由于从大数到小数的整个价格系列呈现一种减少的趋势，因而可能给消费者一种似乎商品有"降价"的错觉。

美国零售商采用这种策略定价时，价格的最后一位数是奇数。因为美国消费者普遍存在一种心理定式，即认为单数比双数"少"，奇数显得比偶数"便宜"。据美国商业心理学家调查，零售价为49美分的商品，其销售量不但远远超过50美分的商品，而且也比48美分的商品多。

2. "撇油"策略

一项新产品刚刚打入市场，可以定高价，以便获取高利润。而一旦与其他产品竞争时，即可逐步降低价格。这种先高后低的价格，就像从鲜奶中撇去浮油一样，从厚到薄，从多到少，被称为撇油定价策略。许多新产品刚进入市场时，几乎都利用人们的新奇心理而采取"撇油"的定价策略。

3. 渗透递增

20世纪30年代，世界胶鞋大王、著名爱国华侨陈嘉庚先生在他的胶鞋刚刚问世的时候，采取低廉定价法，直到产品成为名牌时，才逐渐把价格提上去。这种方法与撇油定价法正好相反，它是针对人们的跌价心理。在新产品刚刚面市时，首先在消费者大脑里留下一个价廉物美的印象。等到产品打开了销路，才逐渐地将价格提高到一定的水平。这种定价的心理策略产生的效果是薄利多销，迅速占领和扩大市场，而且占领市场的时间可以相对地延长。

此外，习惯价格策略、方便价格策略、折让价格策略、威信价格策略等都有利于商品和市场经营的竞争。

第七章

培育卓越领导力

2020年年初，新冠疫情突袭而至，中华儿女风雨同舟、守望相助，筑起了抗击疫情的巍峨长城。对一个拥有14亿人口的国家来说，能在较短的时间内有效控制疫情十分不易。这也充分展现了中国力量、中国精神、中国效率，展示了负责任大国的形象，得到了国际社会的高度赞誉。

中国为什么有如此强大的组织领导能力，中国社会为什么有如此强大的凝聚力，中国为何可以创造辉煌？党中央的判断力、决策力、行动力起到决定性作用。中国的复兴不仅需要极强的战略谋划能力，还必须具有很强的实操能力。战略谋划能力和实操能力也可以被称为"领导力"。

企业要发展壮大，迈向隐形冠军之巅，就必须强化和提升企业的卓越领导力。

一、培育战略领导力

战略领导力是战略管理能力和领导力兼而有之的一种综合管理能力，主要包括战略认知力和战略定力两种核心能力，是一种高心理素质。战略领导力关乎企业的成败。

（一）提升战略认知力

战略认知力是对事物和重大事件发展走向的认知能力，是对趋势性风险和机会的心理预判，具有警觉性、洞察性、前瞻性的特点。通俗来说，就是你能关注到别人看不到的东西，能在细微变化中捕捉事物发展的趋势，能在黑暗的困顿中看到前进路上的一道曙光，能在艰难曲折的探索中找到一条最佳的道路，能在未知的不可确定中做出科学的预测，能从混沌中看到清晰，能把危机迅速转化为机遇。战略认知力是战略决策、战略布局和战略运作的基础，是处置危机和保持战略定力的先决条件，是企业家的核心心理素质之一。

战略认知力的缺乏和弱化必然导致认知错位与判断失真，造成决策失误。

任何国家、企业、组织和个人的发展，都面临着战略性风险和战略性机遇，每一个发展阶段都会面临诸多瓶颈、阻力和困顿。企业家的认知模式是"你事我事他人事，事事分清"。作为一家企业的掌舵人，企业领导者的每一个决策都影响着整个企业的前途。决策的科学和适用与否，首先取决于企业家的战略认知力。

当年华为面临一个战略抉择——是卖掉公司还是保留公司，左右彷徨。最后没有卖掉，决定自己做。自己做，怎么做？这又面临一个战略抉择。任正非以宏大的战略观和超前的战略认知力敏锐地认识到如果自己做，必然有一天在山巅上和世界级高科技公司竞争，于是，华为在2005年悄悄地启动了海思芯片、鸿蒙操作系统和一些核心技术的研发，十年磨一剑，终成正果。任正非沉着应战，表现出了卓越的战略认知力。

（二）磨砺战略定力

定力是指人的意志心理活动，是在目标确定、决策选择和行为控制过程中表现出来的坚定性、恒定性和控制力与坚持力。

从企业层面来看，淬炼战略定力就是要锻造坚强的意志力。坚定信念，付出行动，持之以恒，永不言弃，就一定能够看到光明的未来。意志是一个人确定目的并付之行动，在行动中克服各种困难以达到目的的心理过程，其心理轨迹是确定目标→行动→再行动。意志表现为内驱力、选择力、决断力、行动力、坚持力。

意志是人的能动性，意志的力量可以创造并改变世界。从某种意义上讲，人定胜天。建设现代化强国，实现两个"百年梦"是国家意志，把科学技术搞上去不再被别人"卡脖子"也是国家意志。狭路相逢勇者胜是一种战斗意志，无论遇到任何困难而矢志不渝是一种革命意志。领导力的提升就是要培养这种坚强的意志力。

二、提升危机领导力

"危机中育新机、于变局中开新局。"危机是可以转化的,最早写作"危几",《周易·系辞下》提道:"知几其神乎!君子上交不谄,下交不渎,其知几乎?几者,动之微,吉之先见者也。"大意即真正具有格局和远见卓识的人能够见微知著,在事情萌发阶段做出预知、判断和正确的应对。所谓"动之微",喻示"几"很渺小,是一种不易察觉的苗头和趋势。所以"危几"一词最早是指在萌芽状态的祸患或灾难。后来写作"危机",含有机会、机遇的意思。"危"和"机"是一对辩证关系:"危"中寻找"机","机"中透视"危"。

《道德经》的"祸兮,福之所倚;福兮,祸之所伏"就体现了化危为机的理念。"沉舟侧畔千帆过,病树前头万木春"也是对化危为机的诗化表达。

化危为机,需要在危难中淬炼危机领导力。危机的转化过程是一个拼智慧、拼意志、拼能力的心理过程。

(一)快速反应能力

自然灾害的突发性强,很难做出预判,企业的很多偶发性事件也没有征兆。危机处置就是一个字:快。

快速反应能力来自平时的常态化管理。没有平时的周密安排和危机处置机制，就不可能有快速反应。平时补短板、强弱项并做好预案，搞演练，就能按部就班、有序运作。因此，提高快速反应能力，需要在任何时候、任何情况下保持风险意识和敏锐直觉，强化危机感与忧患意识。

危机感是人们经常性地从外在环境中体验到危机或挑战的心理倾向和思维习性，是抵御风险的一种重要心理素质。危机可以使人懊丧、绝望，也可以使人振奋、进取。《后汉书·吴汉传》有这样一句话："上智不处危以侥幸，中智能因危以为功，下愚安于危以自亡。"危机意识能使人经常保持一种心理应急状态和清醒意识，从而激发出迎接危机和挑战的最佳内在动力。

（二）社会动员能力

领导力是领导者在组织和群体中承担领导角色、做出正确决策、凝聚组织共识、影响组织成员行为，以及对外部环境变化做出快速反应的能力和心理素质。社会动员能力是领导力的一种表现。无论常态还是危机状态，领导者都需要具备社会动员能力。

锻造和提升社会动员能力，必须首先重视企业组织建设能力和治理能力的提高，需要针对企业组织松散化、流动化的特点，激发"神经末梢"的活力，畅通网格化管理通路，提升企业组织的黏合度和员工的支持度。

（三）统筹驾驭能力

企业家要学会统筹。"统"就是要有大局意识，抓本质、抓要害、抓根本，做到提纲挈领，达到纲举目张。"筹"就是筹划、谋划、运筹。统筹就是要做到科学性与可操作性、长远性与现实性、理论性与实践性、局部与全局的统一。提高统筹能力，要学会"十指弹钢琴"，要善于分清主次，抓住重点，区别缓急，掌握平衡，及时应变，各个击破。

2021年1月24日，联合国贸易和发展会议公布的数据显示，2020年全球外国直接投资逆势增长4%，达到1630亿美元，中国取代美国成为全球最大外资流入国。"一收一放、收放自如，一张一弛、张弛有度。"隐形冠军企业领导者也需要提高这种统筹驾驭能力。[26]

三、培养共情领导力

共情领导力是第四次工业革命催生的一种新型领导方式，是企业发展本质属性的内在要求。工业化的革命浪潮推动了组织形态的进化，也对领导模式提出了新的挑战。

第四次工业革命伴随着互联网的迅猛发展，组织形态进化为"平台型组织"。领导者通过对下属进行授权和赋能，从而提高组织效率。

共情领导力在数字化时代扮演着重要角色。2014年2月，纳德拉出任微软CEO，接手一个当时被外界称为"没落帝国"的微软。几年来，纳德拉凭借出色的共情领导力，帮助微软扭转局面，带领微软重回巅峰。纳德拉表示："正是同理心成就了今天的我。如果没有办法做到共情和同理心，微软就没有未来。"纳德拉的共情领导力赋予微软这个组织协同发展的生命力。

提升共情领导力，就是要着力培养觉知力、沟通力、信念力、包容力和学习力。领导者要有清晰的自我意识和自我认知，保持一颗正念，准确感知他人情绪，并与之产生情感共鸣，如《道德经》中所说，"知人者智，自知者明"；领导者要善于运用共情式沟通，用心倾听，真情表达，遇事感同身受，建立情感连接和信任感；领导者要具有深度把握人性的能力，相互理解，相互宽容，了解彼此，相互接纳；领导者要通过信念的力量把大家凝聚在一起，遇到困难坚韧不拔、百折不挠、意志坚定、使命必达；领导者要建立成长型的思维模式，构建学习型组织，终身学习，实现迭代发展。[27]

提升共情领导力，就是要重视人性化关怀。当今，人性化时代已经来临。领导者的重要职责就是满足员工的需要，关爱员工的生活冷暖、事业发展、成长进步、生命安全和心理建设，尊重员工的人格，重视与员工的心理沟通，领导者要与员工深度共情。

提升共情领导力，就是要善于处理和化解各种矛盾。中国社会的全方位变革促进了社会结构的深刻变化，形成了不同的利益群体和利益诉求。企业需要建立规范的对话和协商机制，引导员工以理性、合法的形式表达利益诉求，妥善处理各种利益关系，正确处理各种矛盾，消除人们的失衡心理，实现企业心理和谐发展。

建立意见表达和情绪宣泄的心理平衡机制，对于企业治理是具有全局性意义的战略措施。《国语·周语上》有云："防民之口，甚于防川；川壅而溃，伤人必多。民亦如之。是故为川者，决之使导；为民者，宣之使言。"这段话的意思是阻止人民说话的危害好比堵塞河川。过度粗暴压制言论，完全不顾员工的意愿，就会加剧企业内部矛盾。

根据"社会安全阀"定律，如果群体与个人实现不同利益诉求经常受阻，意见表达缺乏畅通渠道，不满情绪得不到及时有效的化解，潜在的人际矛盾就会不断累积。宣泄是实现心理平衡的一种重要方式。

提升共情领导力，就是要善于正确处理好"堵"和"疏"的关系。做"人"的工作，"堵"和"疏"都是必要的。

"堵"是堵塞、制止、阻止和隔绝。企业管理涉及很多"不准""禁止"，是非常有力的"堵"。

"疏"是导向、引导、疏导、疏通。做"人"的心理工作和思想工作，"堵"是堵住下坡路，"导"是导向阳光道，"疏"和"导"是治本。人思想觉悟的提高，不是一朝一夕就能做到的，"堵"要靠"导"去提升。

对于员工的各种意见，不能"堵"而要"疏"。员工的一些批评意见往往是他们对现实的一种直观反映，观点不一定是那么全面正确，讲话不一定是那么温和，态度不一定是那么谦让，这都需要宽容理解，换位思考，明于体察，善于引导。

四、塑造治心的领导模式

古往今来，纵观国内外，回眸几千年，可以发现治理社会要先立人，后立国；先治心，后治国；心之强，国即强。

（一）中国的治心思想

关于治心的思想，在中国传统文化中有着深厚的渊源。看"儒"字的构成，一边是"人"字，一边是"需"字。儒家是研究人们的需要、欲望和心理活动的理论，从这个意义上讲，儒家文化是古老的心理学。儒家治理社会的基本思路是：正心、修身、齐家、治国、平天下。要平天下、治国、齐家、修身，必须从正心开始。

孟子创建了治心思想的理论框架。他主张性善论，提出了影响深远的"四端说"，认为仁义礼智是人性的基本四端："恻隐之心，仁之端也；羞恶之心，义之端也；辞让之心，礼之端也；是非之心，智之端也。"四端讲的就是四心：恻隐之心、羞恶之心、辞让之心和是非之心。孟子讲的人性，实际上就是人心。讲性善，也就是讲心善。做人的基本底线，就是要达到四心之境界，否则非人，《孟子·公孙丑上》有云："无恻隐之心，非人也；无羞恶之心，非人也；无辞让之心，非人也；无是非之心，非人也。"孟子从"心性儒学"的角度发展了"内圣外王"的理论和治心思想，影响深远。

宋代陆九渊创立心学，明代大儒王阳明集心学之大成，可以视为儒家文化的一次"重大革命"。"阳明心学"的核心精髓为三句话："心即理""致良知""知行合一"。伟大的革命先行者孙中山通过精心筹划，制定了宏大的《建国方略》，把"心理建设"列为首篇。他认为，唯有加强人格改造，民族才有希望！近现代思想家严复也强调民心、民智的重要，认为中国当时患愚、患贫、患弱，需要鼓民力、开民智、新民德。

鲁迅更是深入民族文化心理结构的深层，发现封建意识形态束缚人们的头脑，腐蚀着民族的灵魂并积淀为民族的无意识和国民劣根性，他大声呐喊："唯有民魂是值得宝贵的，唯有他发扬起来，中国才有真进步。"

管理企业先管人，管人必管心，管理从心理开始。心理管理是企业管理的最高法则和巅峰状态。所以，中小企业和隐形冠军企业的领导力塑造需要深入员工的内心深处，从人性化的角度，采用治心的领导模式。

（二）公平管理模式

公平管理是解决群体矛盾和人际冲突的一把"钥匙"。实现公平管理，必须处理好公平与效率的关系。这两者之间很难找到平衡点，要公平必然牺牲一定的效率，要效率必然牺牲一定的公平。

从一般学理上来看，经济学强调效率优先、兼顾公平，企业分配要讲效率，社会分配要讲公平。企业分配是初次分配，所以在分配次序上，效率要放在公平的前面；社会分配是再分配，所以强调要把公平放在前面。企业求效率，力争把"蛋糕"做大；政府求公平，力求社会稳定，相得益彰。100多年前，经济学家维尔弗雷多·帕累托提出了分配的最优状态标准，强调的就是效率优先。

从经济学角度看，政府为什么追求社会福利最大化？假如一元钱分别给富人与穷人，效用是不同的。由于边际效用递减，一元钱对穷人的效用，往往要高过富人。社会福利的最大化，就是收入的均等化。

在改革开放相当长一段时间内，我国以效率优先为准则，在促进社会经济高度发展的同时，也出现了分配差距拉大、社会阶层固化的不均衡现象。当下，社会经济发展观开始转向重视公平公正和共同富裕。2021年1月28日，在十九届中央政治局第二十七次集体学习时，习近平总书记指出：促进全体人民共同富裕是一项长期任务，也是一项现实任务，必须摆在更加重要的位置，脚踏实地，久久为功，向着这个目标作出更加积极有为的努力。

对企业而言，如何处理好公平与效率的关系，是对领导力的一种考验。比如薪酬设计，如果把基本工资定得很高，就可能降低奋发热情，甚至出现"大锅饭"现象。如果把绩效工资或浮动部分搞得很高，管理层和员工就会缺乏安全感。

有一个人们耳熟能详的选择题：母亲和妻子都掉到河里去了，两个人都不会游泳，只能救一个人，你会救谁？这个题目实际上是讲如何处理公平与效率的关系。

公平与效率的矛盾是一个难解之题，在中小企业管理中，领导者如何处理好这个关系？首先需要明确一个基本概念——公平。试问：平均分配叫公平吗？机会均等叫公平吗？它们其实都有一定的限制条件。

什么叫公平？假如一个家庭有三个男孩子，大哥上学的时候家境贫寒，上到三年级家里负担不了，只好辍学回家放牛去了。二哥上学的时候，家庭条件略有好转，上到六年级家里负担不了，只好辍学回家种田去了。三弟上学的时候，家庭条件发生了根本性的变化，不但上完大学，还赴国外留学。这兄弟三人，一个三年级，一个六年级，一个出国留学，差距甚大。对大哥和二哥来说，他们会埋怨父母吗？就中国文化而言，他们不会，因为他们都认同父母当年的做法和选择，因为家庭条件所限，那是一种"无奈"的选择。

什么叫公平？从心理学角度看，认同才叫公平，公平的本质是认同。认同程度越高，公平性越强；认同程度越低，公平性越弱。公平管理的实质就是认同管理。认同感越强，心理越平衡。人性中有一种本性，人不太喜欢纵向比较，而喜欢横向比较，就会导致心理不平衡。公平管理首先解决人的心理不平衡问题。

企业每实施一项改革、一项福利、一项制度，能要求每个员工都满意吗？只要大多数员工满意认同，就可以实行。如何实行认同管理呢？不能我讲你听，我说你干，我制定目标你去执行。这种管理能使员工认同吗？就像毛泽东在《反对自由主义》一文中批评道："事不关己，高高挂起；明知不对，少说为佳；明哲保身，但求无过。"

企业要使员工认同，就需要实行参与管理。参与管理对心理气氛的改善和积极性的提高有着巨大的推进作用。企业内部民主化的进程就是一种心理上的正向导向过程。

民主式的参与管理可以增加部属的心理满足，使部属意识到自己在集体中的重要性，发现自己所从事工作的价值和乐趣，参与研究讨论问题可以增强对决定的认同，增强义务感和责任感。认同是一种心理现象，也可以被看作一种"心理默契"。参与制的民主性质能促进集体成员之间关系和谐，克服冷漠被动的消极因素，产生向心力，增强内部团结，形成群体动力。

（三）欣赏管理模式

欣赏管理可以上升到战略的高度，是一种人性化战略管理，欣赏管理模式是一种人性领导力。"人类本质里最深远的驱动力就是希望具有重要性。"这是美国哲学家、心理学家约翰·杜威的一句名言。人们都希望被承认、被看重、被认可、被欣赏。

1921年，美国钢铁大王卡耐基花100万美元年薪聘任夏布做执行长，大家感到很疑惑，认为费用太高。卡耐基却认为他最值钱的本事就是懂得如何欣赏人。

管理中有两极：欣赏管理和否定管理。欣赏管理是针对否定管理而言。心理学有一种强化理论，否定管理被称为负强化，表现方式是批评、惩罚、不承认。欣赏管理被称为正强化，表现方式是表扬、肯定、激励。

这种强化理论应用到企业管理中，有五种管人模式：制度管人、利益管人、感情管人、舆论管人和道德管人。通过严格的规章制度去规范人、约束人；通过丰厚的利益去激发人；通过浓厚的情感去感化人；通过强大的舆论去监督人；通过深邃的道德去教化人。这五种管人模式都是基于人性化的管理。

这五种管人模式中，制度管人是最基础的管理，没有规矩不成方圆。人有惰性，要靠制度去约束，去规范。制度管理往往否定得多，属于负强化。

如果企业一味地否定管理，就可能产生"习得性无助"效应。从人性上看，一个总是遭到否定的人就很难自信，不自信就没有梦想、没有志向、没有抱负、没有奢望；一个没有抱负的人，就可能态度消极、行为迟滞、动力不足。心理学家做过一个实验：把实验动物关在笼子里面，关得严严实实的，开始通电刺激，动物到处跑，试图寻找出路。这个实验重复了六次，然后把笼门打开，再通电刺激，"绝望"的经验使动物做出"不跑出笼子"的反应。心理学家把这个动物实验上升到人的管理中来，称为习得性无助。

这种无助无援的感觉是重复得来的，在日常生活中，多次受过处分的人，就会产生这种无助的感觉。"给处分就给吧，一个扛着，两个挑着，三个背着"，这叫"破罐子破摔"。

肯·布兰佳与斯宾塞·约翰逊合著过一本书叫《一分钟经理人》，其中谈到当好经理有三个"一分钟"的诀窍：一分钟目标、一分钟表扬和一分钟批评，指的是把目标立下来，做到就表扬，做不到就惩罚。这三个诀窍中，表扬最具有人性化力量。对员工而言，领导给予一些肯定和认同，甚至给一个微笑和赞许，都会让他感到温暖。比如当下属遇到市场攻坚的重重压力时，企业领导者经常讲一句话:"你们忍辱负重,任劳任怨,真不容易!"一句话可能比金钱产生更重要的激励作用。由此可见,情商也是领导力的核心要素之一。

第八章

建设高效战斗团队

"隐形冠军"的竞争不是个体赛，而是团体赛。隐形冠军企业要把员工组织起来，打造一支高效的战斗团队，其中的根本就是朝向战略目标，把人心组织起来。战略错了全错，人心散了全散。打造高效的战斗团队，是企业迈向"隐形冠军"之路的重要战略支撑。如何组织人心并建设一支高效的战斗团队呢？

一、员工的战略激励

时代发展、世界变迁、社会繁荣和人类进步有赖于动力的激发,需要主体的内在力量去推动,需要激发人的积极性、主动性、创造性,开发人性资源。调动积极性,在于激发人的行为动力。人的行为受动机支配,动机又由需要产生。需要产生动机,动机引发行为,人的行为动力之源就是需要。人的一生是不断满足需要的过程,是实现自我愿望的体验过程,是一部心理需要发展史。人类需要的跨阶梯、跨层次跃迁推动了社会的不断进步。

20世纪70年代,发展中国家致力于人本战略的研究。1976年,阿根廷巴里洛克基金会创立了著名的"巴里洛克模式",即"基本需要战略"理论,其核心思想是强调任何发展战略的出发点都是人的需要,并创立了满足基本需要的全球发展数学模型。

中国从第一个五年计划到"十四五"规划,就是一部不断满足人民需要的宏观规划史,是一项伟大的满足需要的战略工程。习近平总书记在参加十四届全国人大一次会议江苏代表团审议时强调,必须以满足人民日益增长的美好生活需要为出发点和落脚点。

因此,调动员工的积极性必须以其需求为中心,创建满足需求的制度和机制,实施战略激励。[28]

（一）让员工过上富裕生活

摆脱贫困、实现小康、过上富裕生活是中华民族千百年来孜孜以求的美好梦想。《诗经·大雅·民劳》中就有"民亦劳止，汔可小康"的诗句，表达了古人对生活安定的追求和向往。中华民族坚持不懈的追求，就是建设一个国富民强的理想社会。《礼记》提出了"大同"的社会理想，主张"天下为公"。大同世界是中国人永恒的追求。

企业的使命是让员工过上好日子，享受幸福的生活，要满足员工的基本生活需要。人类生活的基本需要是推动人们行动的强大动力。毛泽东在总结党的群众工作经验时指出："要得到群众的拥护吗？要群众拿出他们的全力放到战线上去吗？那么就得和群众在一起，就得去发动群众的积极性，就得关心群众的痛痒，就得真心实意地为群众谋利益，解决群众的生产和生活问题，盐的问题，米的问题，房子问题，衣的问题，生小孩的问题，解决群众的一切问题。我们是这样做了么，广大群众就必定拥护我们，把革命当作他们的生命，把革命当作他们无上光荣的旗帜。"[29]

要让员工过上富裕生活，核心要义是让员工拥有企业相应的产权。一些民营中小企业在成长过程中曾存在一种"私企长不大，长大必散伙"的典型现象，这就需要企业把目光瞄向治理结构和产权改革。企业实施承包制，乃至今天的混合所有制改革，就是要唤醒主体意识，释放生产力。企业发展的核心是解决治理结构问题，治理结构的核心就是产权问题。如果产权都是企业领导的，中高层和员工只是打工者，就会缺乏持续发展的内在力量。

中小企业初创阶段由于规模小、产品单一、管理简单，集权管理和集中持股现象比较普遍，这样有利于提高企业的经营决策效率。随着企业规模的不断扩大，需要方方面面的管理人才、技术人才和高素质人才；需要通过社会化方式扩大企业融资；需要分散企业治理结构中的所有权与经营权；需要建立利益共享机制等。这就需要中小企业下大力气，花真功夫，切实解决由于治理结构不合理、产权界定不清而导致的企业激励和约束不相容的问题，建立正常有效的利益权利转移和传递机制，增强企业的利他性、稳定性、连续性和凝聚力，这是关系到中小企业能否做大、做强、做长的重中之重。

1980年，步鑫生出任浙江省海盐县衬衫总厂厂长。在他的带领下，该厂打破"大锅饭"体制。他以敢为人先的精神，推行了一套独特的经营管理办法，做到责权利统一，多劳多得，奖惩分明，成为城市集体企业改革的"先行者"。2018年12月18日，他被党中央、国务院授予"改革先锋"称号。

1979年7月20日，蛇口工业区正式启动。一开始工人们干劲不高，每人每天8小时运泥20～30车。按照这个进度，根本无法按时完成既定目标。为了提高员工工作热情，工程处决定实行定额超产奖励制度，每天55车定额，每车奖励2分钱，超额每车奖励4分钱。自此，工人们干劲大增，一天运泥量达80～90车，多的甚至达131车。在改革开放初期，这个今天看来很合理正常的事情，在当时受到质疑而叫停了。直到1983年

7月，蛇口工业区率先打破平均主义"大锅饭"，实行基本工资加岗位职务工资加浮动工资的工资改革方案，基本奠定了与市场经济相适应的分配制度。

20世纪90年代初，宋志平出任北新建材厂厂长后，看到员工流露出的眼神没有光泽，没有神采，企业经营困难，员工缺乏积极性。他深深地感到，员工有热情，企业就有生机。如果企业对员工漠视，员工对客户也会漠视，结果就是没有人买企业的产品。只有职工无比热爱自己的企业，才能由衷地为客户服务，那种服务意识是由内而外的真诚表达。于是他提出"工资年年涨，房子年年盖"的口号，并把这句口号做成条幅，在厂庆等节日时挂在气球上飘到厂区上空。只要把员工真正关心的事情弄清楚，他们的热情就会被调动起来。在企业的所有成本中，给予职工的待遇是投入产出比最高的。[30]

当今，员工的物质欲望全面释放，消费需求不断升级，经济杠杆的激发作用愈益显著，企业必须把物质利益原则放在首位，把员工的物质生活水平提高到更高层次。通过深化改革，逐步建立完善的工资收入增长机制，提高福利待遇，设置特殊岗位的津贴和补贴；改善员工的生活、住房、医疗、休假、工作环境和物质条件；把员工满意不满意、拥护不拥护、赞成不赞成作为衡量企业发展的一种价值标准。员工所愿，企业所为。

（二）让员工享有长久就业机会

就业是民生之本和财富之源，劳动是一切成功的必由之路和创造价值的唯一源泉。《管子·牧民》中说："仓廪实而知礼节，衣食足而知荣辱。"就业有利于劳动者在满足基本物质需要后实现自身的社会价值，丰富精神生活，提高精神境界，促进人的全面发展。企业的使命就是要让员工端稳就业"饭碗"，为员工提供一个实现自身价值的平台。

有一些经营时间较长的企业，老一批员工携手创业，功不可没。但是，时代变迁，斗转星移，他们往往跟不上形势的发展，有些落伍了。如何使员工能够适应变化，长久就业？这就需要培养他们的终身就业能力，需要加强培训，重视学习，把人力资本投资上升到战略的高度并加以认识和把握。

20世纪50年代，美国经济学家西奥多·W·舒尔茨提出"人力资本"理论。他强调人的资本投资作用大于物的资本投资作用，物的资本投资和人的资本投资都是发展经济、振兴社会不可缺少的生产性投资。如果没有人的投资，物的投资再多也不能发挥作用，特别是在现代化的生产中，人的资本投资作用往往大于物的资本投资作用。他还认为，教育是使隐藏在人体内的能力增长的一种生产性活动，是提高人口质量的关键。

按照舒尔茨的计算，从1900年到1957年，实际的物资投资增加大约4.5倍，而对教育投资增加了大约8.5倍。教育投资的增长速度大大超过物资投资，而其利润收益的结果更是惊人。同期，物资投资的利润增加了3.5倍，教育投资增加的利润竟达17.5倍。

从企业的长久发展来看，员工的培训是一个战略问题，是最有效率的投资，学习力是中小企业的核心竞争力。彼得·圣吉是"学习型组织"理论的创立者，他在代表作《第五项修炼》中把学习比作"蝴蝶效应"。员工听一次课有感受,读一本书有体会;听两次课感受更深,读两本书体会更深;假如坚持听上两三年,读上六七载,就会掀起头脑风暴,由量变到质变,产生思想上的跃升。

山东默锐科技有限公司倡导"业教合一"的理念,把员工的学习与成长作为组织持续发展的基础,把教育培训上升到战略的高度来看待。公司通过加大培训,推进"雏鹰训练营""精英嬗变营"等人才成长项目,做到从新员工培训到岗位师带徒的快速融入,从国家开放大学学历提升到在职研究生进修的系统跨越。公司统筹赫尔曼·西蒙商学院、律安班组跨企业培训中心等学习资源,借鉴德国 AHK 化工大师班的经验,立体设计教导课程、助教课程、学员课程,赋能员工成长,建立"人才赋能共同体"。因此,受过良好培训的技术工人为隐形冠军的优势奠定了重要基础。

培训是就业的战略工程,提高劳动者就业能力是解决员工长久就业的治本之举。2021 年,中共中央办公厅、国务院办公厅印发了《关于推动现代职业教育高质量发展的意见》,指出职业教育是国民教育体系和人力资源开发的重要组成部分,肩负着培养多样化人才、传承技术技能、促进就业创业的重要职责。在全面建设社会主义现代化国家新征程中,职业教育前途广阔、大有可为。

因此,中小企业要实施职业技能培训和能力提升行动,根据时代变迁和科技发展不断提升劳动者的劳动技能,把终身教育上升到企业战略层面,加强员工在职培训,使他们适应激烈的市场竞争,保持就业的长久性。

（三）让员工感受到工作的乐趣

以员工为本，满足员工的基本需要，要挖掘工作本身所蕴含的价值，实施工作激励。人的行为有"内激励"和"外激励"。人们积极从事某项活动，并不完全是为了获取某种外在奖酬。古往今来，多少艺术家、科学家废寝忘食、孜孜不倦地埋头于艺术创作与科学研究，并非都为了个人名利。是什么给了他们如此巨大的动力？是活动本身所蕴含的价值和兴趣的刺激，这些活动向他们提供了最大限度发挥自身潜能的机会。这种来自工作本身的激励，心理学称之为"内激励"。

美国心理学家弗雷德里克·赫茨伯格从人的需要角度提出了激励的双因素理论。人对待工作有满意和不满意两种情况，引起工作满意的因素是内在的心理因素，可以满足个人的成长需要，包括成就、责任和晋升等，称为激励因素，对人的态度影响深沉而长久。引起工作不满意的因素是外在的物质因素，包括政策、管理、工资和工作条件等，称为保健因素，对人的态度影响是短期的。

对员工的激励，重点在于发挥激励因素的作用，使工作本身更有价值，通过员工的成长进步和工作上取得的成就满足他们的自尊需求。

竞争可以激发工作热情，开发工作潜能，扩大工作丰富程度，也是满足自尊需要的一种重要手段。奥地利心理学家阿尔弗雷德·阿德勒在《自卑与超越》一书中认为：自尊需要是人类的优势需要。自卑不可怕，关键在于客观认识自卑，正确对待自卑，克服困难，超越自我。人们改变自卑、追求优越，就是想比别人强。只有通过竞争，才能超过别人。[31]

发挥竞争杠杆的作用，有赖于建立与完善竞争机制。竞争要有明确的目标。"十分指标，十二分措施，二十四分干劲。"实现了一定的目标，就该得到一些补偿，无论是物质的还是精神的，没有补偿就失去了竞争的动力。

竞争还必须在对比条件类同的情况下进行。在劳动竞争中，竞争者之间的客观条件愈相近，工作结果的大小与主观努力的关系也就愈突出。因而，竞争杠杆力量的发挥有赖于企业在人事制度、市场发展、人才成长等各个方面尽量提供给每个员工均等竞争的机会。

员工通过培训提高完成任务的能力，增强胜任感，产生对本职工作的兴趣。企业创造和改善工作环境，提供"英雄有用武之地"的平台，通过工作留人。现在很多员工跳槽不仅仅是因为工资不高、待遇不好，更重要的是觉得这个工作本身不能给自己带来更大的发展空间，或者自己不能很好地胜任这份工作。

有了自主权，就能够把需要、行为目标、行为过程内在地统一起来，从而唤醒人们潜在的能动性和创造性。有了工作自主权也就有了压力，适当的压力可以消除心理活动的惰性，焕发出工作热情，从而把人的精力充分动员起来，发挥出个人的最大潜力。

（四）让员工获得情感上的关爱

情感是一种取之不尽、用之不竭的战略资源。海洋再宽广，不如天空宽广；天空再宽广，不如人的心灵宽广。人的心灵宽广，就是因为人有着五彩缤纷的情感世界。情由心生，心生情，情生心，情心相融，情心相随，情感是一座永远开掘不尽的巨大宝藏。

世界管理学百年发展史，发生过多次管理思想革命。20世纪初，科学管理之父弗雷德里克·温斯洛·泰勒，通过"动作分析"、流程组合、计件工资制和效率提升等量化方法，把经验管理带进了科学管理，创立了科学管理革命理论。20世纪30年代，美国哈佛大学心理学家乔治·埃尔顿·梅奥教授在泰勒科学管理理论的基础上，通过"霍桑试验"提出了"精神人"和"社会人"的概念，提出要实现从重视物质管理转向重视人的情感管理，掀起了人文管理思潮。

以员工为本，尊重员工，就要满足员工的情感需求，实现情感激励。

心理学理论表明，工作中有两种逻辑，一个是"效率逻辑"，一个是"情感逻辑"。通过改革可以促进效率的提高，这叫效率逻辑。可是人们害怕改革引发矛盾，畏惧难度，不愿意做，这叫情感逻辑。作为一个领导者，需要同时顾及两种逻辑的有机结合，既要安排好工作任务，又要处理好参与工作任务的人的关系，消除顾虑和"心理疙瘩"，融洽感情气氛，不断满足人们的情感需求，切实做到爱护、尊重、信任。

"爱"是调动部属积极性的感情基础，是打开部属心灵的一把"钥匙"。中国古代就有爱兵激志的故事。《韩非子》一书曾记载了吴起爱兵的故事：一位老母亲得知儿子患疽病后被吴起将军救治，泪流满面。旁人不解，说："吴起将军救了你儿子，应该高兴才是。"老妇含泪泣曰："当年我丈夫在吴起将军手下服役，也是得了疽病，吴起将军用口吮其脓，我丈夫得救了，为了报效吴起将军，战死在疆场。将来我儿子也一定会以死相报，还不知道死在哪里，所以我才痛哭。"吴起将军爱兵所产生的心理力量激发人们以死效命，成为历史佳话，至今还耐人寻味。

对员工的情感激励需要付出爱心。从人性角度看，你对别人付出一份爱，别人就会还你数倍情。一个孩子，在家里遭到母亲训斥，一气之下跑到山谷中喊："我恨你！"山谷那边传来"我恨你"的回声，孩子回家告诉母亲。这位母亲把孩子重新带回山谷，告诉他对着山谷喊"我爱你"，山谷那边传来同样的声音，她教育孩子："你付出一份爱，就得到一份爱；你付出一份恨，就得到一份恨。"

对员工付出爱心，首先需要调整自身的心态，没有爱的心态就不会去投入感情。著名女作家塞尔玛当年嫁给一位陆军少尉，随丈夫到沙漠中去服役，住在铁皮房子里面，生活艰苦，环境恶劣。丈夫繁忙，没有时间陪伴她，她孤独、苦闷，内心非常痛苦，想过结束生命。她把境况写信告诉了自己的父亲，她父亲在回信中讲了一个故事：监狱里面有两个犯人站在牢门口向外看去，一个人看到的是满地的泥土，一个人看到的是天上点点的繁星。由此她心生顿悟："原来我看到的是满地的泥土，我应该看到天上点点的繁星。"她决定留下来，在沙漠中寻找自己的"繁星"。她开始对沙漠中的植物感兴趣，也愿意去了解周围生活的人们，后来这段经历帮助她完成了世界文学名著《快乐的城堡》。

某集团董事长曾经倡导并践行"幸福企业工程"。"幸福企业工程"中有一条规定是要求集团和二级公司的领导每个月都要请一线员工喝一次早茶。喝早茶在广东也叫"叹早茶"。到茶楼喝茶，一是喝茶，二是吃点心，而点心比茶还讲究。喝早茶是一件很愉快的事情。

该集团是一个流通企业，有大量的一线员工，和供应商直接签署劳动合同的售货员有两三万人。企业领导不可能熟识每个员工，很多员工也可能多少年都没有接触过企业领导。每个领导每个月和十来个一线员工喝早茶，一方面可以面对面接触一线员工和了解经营情况；另一方面可以对一线员工进行激励，增强员工的幸福感，提升团队的凝聚力。

粗略算，集团领导加上各二级公司领导，每人每月请十位左右的一线员工喝早茶，一年就可以请上千名员工喝早茶。这样做不但能够听到很多来自基层的声音，而且更重要的是对员工的激励赢得了好口碑。事情虽小，但充满了爱意。

（五）让员工得到安全保障

安全是人类的基本需要，以员工为本最根本的是以员工的生命和健康为本。生命大于天，健康是根本。安全管理是企业的第一要务，是一把手工程，不可懈怠，不可粗心，不可马虎，不可任性，不可心存侥幸。

生命安全是人类的根本需求和核心所愿。维护员工的生命安全，要珍惜生命、护佑健康、预防心理疾病、建立防护保障体系、预防意外安全事故，确保生命安全得以实现，要把员工的健康问题上升到战略高度来看待。健康是 1，其他都是 0；如果有了 1 的话，多一个 0 就多一个倍数，多一份价值；如果 1 不存在的话，后面 0 不具备任何价值。健康决定人对未来的期待。一个人身体健康，精力充沛，就会志存高远，雄心勃勃；如果体质衰弱，多病，就会限制他的理想抱负，由此可知，健康是一个战略问题。所以，企业要把关爱员工的健康作为首位考量。

在自然灾害面前，在重大传染疾病防控和重大事故处置中，企业要始终把员工的生命安全和身体健康放在首位；要建立应急处理机制，提高快速反应能力；要不惜代价，急员工之所急，解员工之所忧。

在一些重体力劳动领域，企业要适度减轻员工的劳动强度，重视劳动保护，加强健康管理，预防"职业病"。高危行业要完善管理机制，规范和优化操作流程，重视细节管理；要加强员工的安全教育，提高员工的警觉意识和处置安全问题的能力；要以零容忍的态度处理安全问题，防范化解风险。

无论是国有企业还是民营企业，无论是大企业还是小企业，对待退休的员工要尽到应有的社会责任，给予充分的安全保障。让老人安全养老、放心养老，做到老有所养、老有所依、老有所乐、老有所安是最重要的民生工程和民心工程，满足老年人的需求是一项长期的战略任务，也是企业应有的担当和不可推卸的责任。

（六）让员工的需要得以升华

加强企业团队建设，调动员工的积极性，既要满足、拓展、丰富员工的欲望，也要管住、节制、升华员工的欲望。欲望是一把双刃剑，既是推动社会发展的进步力量，也是起反向作用的破坏力量。

在人类发展史上，需要的力量始终体现其对善与恶、美与丑、真与假、罪与功的较量和选择。如果是良性选择，人类在获得自身正当合理需要满足的同时，创造了物质文明和精神文明，充分显示了人性的力量。如果需要满足方式是恶性选择，就会导致社会出现罪恶、祸害、灾难，人性力量得到了异化，从而出现犯罪。因此，对于员工的战略激励，需要不断调控员工的需要和欲望。

正确的世界观和人生观对需要的调节起决定性作用。思想认识是行为动力的根源和基础，是遏制犯罪和恶性行为、实现社会良性运行的心理机制。我们的心灵存放在哪里，决定我们的未来在哪里，我们需要心系全人类、服务世界、改变社会的深邃情怀和远大理想，需要活出自身的价值。

心理学家维克多·弗兰克尔在其心理学名著《活出生命的意义》里写道：人所拥有的任何东西，都可以被剥夺。而唯一不能夺去的，那就是在任何环境中，选择自己的态度和行为方式的自由。他开创了"意义疗法"，被称为继弗洛伊德的心理分析、阿德勒的个体心理学之后的维也纳"第三心理治疗学派"。他认为人生的基本动力就是"寻求意义的意志"。苦难本身没有任何意义，我们要学会从苦难中寻找生命的意义，集中精力于有意义的事情上，从而激发自身潜能，走向成功。[32]当下，企业需要教育员工确立人生使命的坐标，奔向诗和远方。

二、赓续红色文化血脉

中国共产党从1921年的50多名党员发展到截至2022年底的超9800万人，成为全球最有影响力的第一大政党，领导中国崛起和复兴，逐步走向世界舞台的中央。中国共产党创建和延续的红色文化，对企业的团队建设有着巨大的借鉴意义。[33]

（一）坚持以人民为中心的主旨

《论语·五子之歌》有云："民为邦本，本固邦宁。"在任何条件下，民心都是衡量和评判社会最权威的价值尺度，得民心者得天下。民者，国之根也，万事之本也。

实践证明，战争的胜负取决于民众的支持和拥护，国家和民族的发展取决于全民动员和全民参与。老一辈革命家陈毅元帅曾动情地说："淮海战役的胜利，是人民群众用小车推出来的。"在淮海战役中，"人民群众出动担架20.6万副，大小车辆88万余辆，担子35.5万副，牲畜76.7万头，船只8500余艘，汽车257辆。向前线运输弹药1460多万斤、粮食9.6亿斤和大量军需物资，向后方转送了11万名伤员，有力地保障作战的需要。"[34]可见，人民的力量大于天。当年社会上流传一首民谣："最后的一碗米，送去做军粮；最后的一尺布，送去做军装；最后的老棉被，盖在担架上；最后的亲骨肉，送去上战场。"这首民谣蕴藏着人民的力量，背后是深厚的军民鱼水情。在《论联合政府》的报告中，毛泽东发自肺腑地感叹："人民，只有人民，才是创造世界历史的动力。"

"以人民为中心"成为当今中国治国理政的根本遵循，满足人们日益增长的美好生活的需要，是社会主义现代化建设的核心要义。

企业的团队建设，要以员工为中心。把满足员工的基本需要作为首要任务，把员工的满意度作为企业绩效考核的重要指标。企业发展要把员工的个人发展作为重要的价值导向。得民心者得天下，同理，得员工者得企业。企业发展除了为国家、为社会，就是为员工。守住了员工的心，就守住了企业。这就是企业发展的初心，初心不忘，方得始终。

（二）发扬团结的集体精神

人心齐，泰山移。团结是中华民族自古以来的优良传统和文化基因。《淮南子·主术训》有言："积力之所举，则无不胜也；众智之所为，则无不成也。""积力"和"众智"强调的是集体的力量和群众的智慧，团结的力量是巨大的，群众的智慧是无穷的，把两者结合起来，就会无往而不胜。"二人同心，其利断金"，团结就是力量。

中国共产党成功的一个重要秘诀就是靠团结，中国人民解放军打胜仗也靠的是团结。中国共产党的军队之所以打胜仗，势如破竹，胜在心胜、胜在团结。

打造一支高效的企业战斗团队，首先靠的也是团结，"团结是铁，团结是钢"，团结就是力量。因此，企业需要优化心理环境，整合企业内外的各种资源和力量，建立和谐和睦、团结友爱、相济互助的人际关系和团队氛围。真诚协商与合作，从而赢得员工最广泛的拥护。

（三）让信念之光照亮前程

中国共产党之所以能够演绎出气势恢宏、威武雄壮的历史"长剧"，靠的是共产党人对中国革命光明前途的不懈追求和对信念的支撑。

理想信念是从苦难走向辉煌的精神心理动力，"坚信革命一定会胜利，一个新世界将在东方喷薄而出"的理想信念，鼓舞着共产党人不断向前。

在战争年代，中国共产党人和红军战士的信念坚如磐石。"三年不饮湘江水，十年莫吃湘江鱼"描述的是红军长征以来最壮烈的湘江战役。这场战役中，红五军团34师受命掩护红军主力渡江，师长陈树湘率领全师与十几倍于自己的敌人激战四天五夜，在掩护红军主力渡过湘江后，身负重伤的陈树湘不幸被俘，敌人为抓到红军师长而高兴发狂，他却趁敌不备，愤然撕开腹部伤口，把肠子掏出来，用力绞断，壮烈牺牲，年仅29岁。这是一种什么样的力量？这就是信念的力量！

方志敏在狱中写下了《可爱的中国》，其中有这样一段话："我们相信，中国一定有个可赞美的光明前途……到那时，我相信，到处都是活跃的创造，到处都是日新月异的进步，欢歌将代替了悲叹，笑脸将代替了哭脸，富裕将代替了贫穷，康健将代替了疾病，智慧将代替了愚昧，友爱将代替了仇恨，生之快乐将代替了死之忧伤，明媚的花园将代替了暗淡的荒地！"方志敏的这段描述充满了对革命胜利后的美好憧憬和对祖国的挚爱深情。

人有了革命理想信念，就能产生取之不尽、用之不竭的巨大精神力量，在任何情况下都能保持顽强的革命意志，奋斗不息，勇往直前。信念孕育了意志，意志创造了生命奇迹。长征是一部生命史诗，是对生存意志的最严肃的一场拷问，生命的耐力与能量在炼狱般的锤炼中得以延续和升华。毛泽东说："请问历史上曾有过我们这样的长征么？没有，从来没有的。""长征是宣言书，长征是宣传队，长征是播种机。"长征所产生的心理力量，鼓舞和激励一批又一批有志青年奔赴延安、奔赴太行山、奔赴根据地、奔赴敌人后方、奔赴抗日第一线，背负起国家和民族的希望。信念的灯塔照亮革命航程。

锻造"隐形冠军"，需要信念的支撑。正如"隐形冠军之父"赫尔曼·西蒙所说，中小企业要想成为"隐形冠军"，心中需要有一团火，需要有雄心。"隐形冠军"之路是一条充满荆棘的艰苦漫长之路，是对广大中小企业领导者意志和定力的考验。尽管不是每一个中小企业都能够达到预期目标，体验巅峰之感，但只要沿着"隐形冠军"的新路标笃定前行，持续发力，怀揣"有团火"的坚定信念，就一定能够让梦想照进现实。

（四）坚持"实事求是"认识论

中国革命的历史，就是一部实事求是地认识中国和改造中国的历史。实事求是不拘泥于教条，不照搬外国模式，不搞本本主义、主观主义；不唯上、不唯书，只唯实、只唯真。实事求是不是随波逐流、满足现状的保守主义，也不是蛮干瞎闯、无视现实的冒险主义。实事求是是马克思主义的一种世界观和方法论，是一种科学的认知模式。

企业发展也需要实事求是，不浮夸，不揠苗助长；审时度势，把握机遇；因事而为，应时而变。企业要根据自身不同的发展阶段，做出正确的战略定位，适时进行战略调整，把有限的资源要素配置在最佳战略方向上和决定企业成败的关键事情上，从而获得战略主动权。

红色文化是中华民族精神的精髓，是保证中国革命、建设和改革事业取得成功的活性基因。红色文化是中国企业存续的血脉，必须发扬光大。

三、向解放军学团队管理

1927年，南昌起义的一声枪响，标志着中国共产党独立领导中国革命和创建人民军队的开始，开辟了武装夺取政权的道路。自建军之日起，人民军队之所以能够所向披靡，靠的是思想和精神的强大；靠的是永远不变的红色基因；靠的是坚定的信念；靠的是无与伦比的思想政治工作；靠的是严格的组织纪律性；靠的是强大的执行力；靠的是气吞山河的战斗士气和团队建设；靠的是各级领导干部"正人先正己""打铁还得自身硬""喊破嗓子不如做出样子""冲锋在前，退却在后""吃苦在前，享受在后""同甘苦，共患难""同生死，共命运"的优良作风；靠的是科学、高效、严格的管理模式。

毛泽东是中国工农红军和中国人民解放军的主要缔造者，他把一支游击队锻造成为一支能打硬仗的正规军。1927年秋，秋收起义失败后，毛泽东率领5000多人的起义部队向罗霄山脉转移，到达井冈山后剩下不足1000人。整个部队缺乏组织纪律性，没有富有战斗力的基层党组织，解决军队的政治建设和思想建设问题迫在眉睫。1927年9月29日晚，毛泽东在永新县三湾村对部队进行整顿和改编，把支部建立在连上，班、排设党小组，连建党支部，连以上设党代表，连队建立士兵委员会，实行官兵平等、政治民主和经济公平，破除旧军队雇佣关系等，这就是举世闻名的"三湾改编"。

支部建在连上，基层就有了核心。罗荣桓元帅在《秋收起义与我军初创时期》一文中总结说："三湾改编，实际上是我军的新生，正是从这时开始，确立了党对军队的领导。当时，如果不是毛泽东同志英明地解决了这种根本性的问题，那么，这支部队便不会有政治灵魂，不会有明确的行动纲领，旧式军队的习气，农民的自由散漫作风，都不可能得到改造，其结果即使不被强大的敌人消灭，也会变成流寇。"[35]毛泽东关于三湾改编的创举，塑造了"军魂"，奠定了中国军队的红色基因。

1929年12月28至29日，在福建上杭县古田镇的这片红土地上，中国工农红军第四军召开了第九次党的代表大会，会议通过了著名的《古田会议决议》。《古田会议决议》成为建党建军的纲领性文献，古田会议会址被誉为人民解放军的"军魂"所在地。古田会议重点解决了极端民主化思想、流寇思想、军阀主义思想和各种非无产阶级思想问题。明确指出军队必须绝对服从党的领导，政治工作是军队的生命线，用先进的无产阶级革命思想改造武装这支军队。其核心目标就是要努力锻造政治更加合格、思想更加先进、战斗更加勇敢、官兵更加平等、纪律更加严明、作风更加文明的红四军。

古田会议完成了对工农红军的彻底改造，实现了军队浴火重生、凤凰涅槃，开启了从旧式军队向新型人民军队的心理转型之路，走上了发展壮大的伟大征程，探索和建立了一整套有效的思想建军、心理建军、组织建军、制度建军、文化建军的方法。

中小企业加强团队建设，锻造隐形冠军，需要向解放军学管理。解放军管理模式是在血与火的岁月磨炼中凝练、提纯、升华、锻造而成的，是我军管理教育工作的经验总结，反映了一支强大军队建军的内在规律。无论是战争年代还是和平时期，无论是过去还是现在，甚至将来，都不会因时代变迁褪去它的光环，对企业管理具有重要的参考价值和借鉴意义。当今时代，向解放军学管理成为一种必然。

2021年10月29日，华为在东莞市松山湖园区举行大会，主题是"没有退路就是胜利之路"，现场氛围慷慨悲壮，"五大兵团"横空出世。大会宣布成立组建"华为煤矿军团""智慧公路军团""海关和港口军团""智能光伏军团"和"数据中心能源军团"。在华为的语境下，"军团"这个词，就是一种特殊的企业组织模式。"军团"模式就是把基础研究的科学家、技术专家、产品专家、工程专家、销售专家，交付与服务专家都汇聚在一个部门，把业务颗粒化，缩短产品进步的周期，目的就是通过"军团"作战，把各个部门的资源集结起来，提升效率，做深做透一个领域，做成行业的冠军。华为把集合组织称为"军团"，把"战略管理"称为"作战管理"，把各大区域叫作"战区"。这些都充分显示出任正非的革命军人情结，也说明华为有着很强的军队基因。

军队管理是一部百科全书，经过血与火的锤炼，博大精深，效能巨大，是人民解放军的文化标签，也是运用于社会管理的一种示范。在军队管理中所运用的管理原则，对企业管理有很重要的借鉴意义。军队管理的六大原则，体现了管理教育的基本原理和规律。[36]

（一）官兵一致，政治平等

我军是人民的军队，官兵之间是阶级兄弟，军官和士兵只有职务上的分工不同，没有尊卑贵贱的区别，这是我军区别于一切旧式军队的显著标志之一，是我军正确处理内部关系的基本准则。这一原则要求军官和士兵之间互相尊重，互相爱护，互相帮助，共同奋斗，共同前进。

毛泽东在 1937 年会见英国记者贝特兰时指出："官兵一致的原则，这就是在军队中肃清封建主义，废除打骂制度，建立自觉纪律，实行同甘共苦的生活，因此，全军是团结一致的。"朱德在《论解放区战场》中曾说："八路军、新四军，彻底破坏了几千年来军队中的压迫制度。我们这里，从一九二七年创立人民军队以来，就废除了打骂制度。我们这里，承认官兵人格平等，只有职务的区别，不允许有军官压迫士兵或上级军官压迫下级军官的行为。"

《古田会议决议》明确规定废止肉刑，不许打骂虐待士兵。毛泽东亲自下连队调查，把调查的情况写到《决议》里："各部队中凡打人最厉害的，士兵怨恨和逃跑的就越多。最显著的例子，如三纵队第八支队某官长爱打人，结果不仅传令兵、火夫差不多跑完了，军需、上士及副官都跑了。九支队第二十五大队曾经有一时期来了一个最喜欢打人的大队长，群众送给他的名字叫作'铁匠'，结果士兵感觉没有出路，充满了怨恨，这个大队长调走了，士兵才得到解放。"毛泽东坚决反对打骂士兵，就是要在红军中建立一种新的上下级关系，解决官兵的心理矛盾和冲突。[37]

实现官兵平等，视士兵为手足，军官爱护士兵，士兵尊重军官，官兵互相尊重，才能建立平等友爱的关系，营造和谐的心理环境，使大家心情舒畅，关系融洽。孙子曰："视卒如婴儿，故可与之赴深溪；视卒如爱子，故可与之俱死。"把士兵当婴儿一样呵护，当爱子一般疼爱，他就会赴汤蹈火，在所不辞。

贯彻官兵一致、政治平等的原则，企业要建立一种平等的人际关系，要破除封建等级观念，树立"领导就是服务"的马克思主义领导观。要端正对待员工的根本态度，尊重员工的人格，给予员工充分的信任；关心员工的生活疾苦和切身利益，热心为员工排忧解难；重视员工的成长进步，不断为员工创造发展平台；要坚持在规章制度面前人人平等，不能从重处罚员工、从轻处罚领导，一视同仁。从一定意义上说，尊重员工就是尊重自己，关心员工就是关心企业，爱护员工就是爱护生产力。

（二）集中统一，发扬民主

集中统一，发扬民主，要求全体官兵在民主基础上，自觉服从党的领导，遵守《三大纪律八项注意》，执行条令、条例和规章制度，保持思想上、政治上、组织上、行动上的高度一致。

集中统一是军队执行作战任务的需要。在敌我之间生死搏斗的战时，如果没有坚强的领导，没有统一的指挥，没有协调一致的行动，没有广大官兵高昂的战斗士气，就不可能取得胜利。

如果不强调集中统一，不用条令、条例统一部队的思想和行动，部队必然会出现组织涣散、纪律松弛、作风稀拉、秩序混乱、事故案件频发，就会严重影响正规化建设和战斗力。

军事上的集中统一，必须建立在民主的基础上，如果没有民主的生活和民主的关系，军队就不可能成为具有强大战斗力的军事组织。几十年来，我军坚持实行三大民主和群众路线的管理教育方法，使政治上达到高度团结、生活上不断得到改善、军事上迅速提高技术和战术水平。

贯彻集中和民主相结合的原则，企业也要倡导和践行集中指导下的民主。要注意做到尊重员工的民主权利，使民主管理贯穿企业的日常管理，并成为员工自我教育的基本方法。要提倡多用讨论、研究、谈心的方法，让员工自己教育自己。要经常听取他们的呼声和意见，遇事同他们一块商量，鼓励他们积极参与企业管理，调动他们的积极性，进一步密切上下级关系。

同时，要健全民主制度，给员工提供发表意见的机会和条件。借鉴部队多年的管理经验，如建立全体军人大会制度、连首长向军人大会报告工作制度、士兵评议军官制度、士兵推荐入党和入学对象及选改志愿兵制度、民主决策制度、民主监督制度等，这些都是行之有效的管理方法。

（三）教管结合，因人施教

教管结合，就是把教育与管理融为一体，从思想教育入手，提高广大官兵的思想觉悟，且因人施教，区别不同的对象，采用不同的方法，进行不同内容的教育，提高管理和教育成效。

管理与教育工作的必然结合是一条客观规律。在部队管理实践中往往有这样两种倾向：抓管理时，就忽视教育；抓教育时，又忽视管理。其实管理与教育是相辅相成的。管中有教，教中有管，管教相互渗透，相互交叉，相互促进，密不可分。管理离不开教育，教育包含着管理。管理与教育的程式几乎在共同时间和空间里同时展开。

教管结合，必须致力于提高官兵的思想觉悟。政治工作是我军的生命线，思想教育是战斗力根本保证。我军管理与一切非人民军队的管理有着本质上的区别，我军管理渗透着教育性原则，其根本目的在于育人。

运用典型进行宣传教育，是我党我军传统的工作方法，从战争年代直到今天，成为一种普遍运用的有效工作模式。在井冈山时期，我党我军就抓住并推广长岗乡和才溪乡关心群众生活、注意工作方法的先进典型经验，巩固和发展了革命根据地。抗日战争和解放战争时期，更加重视抓好典型工作，如张思德、白求恩、刘胡兰、"狼牙山五壮士"、董存瑞、"南京路上好八连"等都成为当时的一面旗帜。雷锋的精神深深扎根在中国人的心中，雷锋的榜样作用影响了一代又一代人。典型是一面旗帜，是群众的样板，是时代精神的代表，显示着时代发展的方向。典型不仅具有先进的思想、高尚的行为和显著的实绩，而且具有比一般事物、一般人物更强的号召力、吸引力和凝聚力。

革命战争时期，我党我军非常重视宣传鼓动工作，其中很重要的一点，就是运用音乐艺术教育人、鼓舞人、激励人。1938年7月，由我国著名音乐家冼星海谱曲的《在太行山上》迅速传遍了全中国。歌如心声："抗日的烽火，燃烧在太行山上"让人心潮澎湃；"山高林又密，兵强马又壮！敌人从哪里进攻，我们就要它在哪里灭亡"的发自肺腑的怒吼，酷似一把钢刀直插侵略者心脏。此曲描绘了太行山游击健儿的战斗生活和勇敢顽强的性格，充满了战斗性和革命激情，以及无穷的鼓舞力量。

冼星海作曲的另一首《黄河大合唱》，是一部影响力最大的讴歌中华民族英雄气概和民族性格的音乐史诗。"风在吼，马在叫，黄河在咆哮，黄河在咆哮……挥舞着大刀长矛，保卫家乡，保卫黄河，保卫华北，保卫全中国！"这首歌词曲意境深远、气势磅礴，感情色彩浓，感染力十分强烈，在民族危亡关头，启迪激发人民的斗志。

由田汉作词、聂耳作曲的《义勇军进行曲》创作于1935，吸收了国际上革命歌曲的优秀成果和西欧进行曲的风格特点，具有极强的战斗性和鼓舞性，被称为中华民族解放的号角，对激励中国人民的爱国主义精神起到了巨大的作用，后成为中华人民共和国国歌和中国文化的一个典型符号。

贯彻教管结合与因人施教的原则，企业要注重员工的性格、气质上的差异，区别对待。比如：对"胆汁质"员工，不要轻易激怒他们，要设法培养他们的自制力；对于"多血质"员工，要给予其更多的活动机会和任务，使他们受到更多的锻炼，要求他们养成扎实、敢于克服困难的精神；对于"黏液质"员工，要更加耐心，允许他们考虑问题，并给予其较多的时间；对于"抑郁质"员工，要更多地关怀、体贴他们，切忌在公共场合指责他们。

对于不同性格的员工，也要有不同的要求。如对于自卑感较重、自暴自弃的员工，不要过多地去指责，要通过暗示、表扬等方法使他们看到自己的优点，以增强信心；对于自尊心过强或自高自大的员工，不要老夸奖，批评也要顾及情面，留有余地，还要抓住他们的上进心，设法使他们在工作的成效中看清自己的缺点和不足，力戒骄傲；对于性格倔强的员工，要力求心平气和，避免顶牛；对于性格轻率的员工，不能过于迁就和温存；对于心直口快的员工，要不怀偏见，尊重支持；对于孤僻或沉默的员工，要以热对冷，开阔胸怀。

因人施教，必须注意员工兴趣、爱好的差异。兴趣是人对事物的向往、迷恋或积极探索、追求的倾向。积极的兴趣是人们追求探索美好事物的巨大动力。人只有对学习、工作有了浓厚的兴趣，才会使感觉、知觉活跃起来，观察敏锐，思维深刻，锲而不舍地去钻研追求。可以说，兴趣是开发智力的"钥匙"，是一个人取得学习、工作成功的重要心理条件。管理者要尊重员工的个人兴趣和爱好，不能以自己的好恶去评价他们的兴趣。因人施教，还必须注意员工兴趣、能力和资历的差异。他们都有明显不同的心理特点，必须采取对症下药的方法，去做好管理教育工作。

（四）严格管理，耐心说服

治军需要法规。《尉缭子·制谈第三》有云："凡兵，制先必定。制先定则士不乱。士不乱则刑乃明。"早在红军时期，毛泽东制定了《三大纪律八项注意》，提出编制红军纪律规定。

严格管理就是坚持依法从严治军方针，按照条令、条例和规章制度，以及正规化的要求，对部队实施严格的管理；耐心说服就是在对部队实施严格的管理过程中，注重思想政治工作，启发疏导，讲清道理，说服教育，使全体官兵自觉地服从管理。

严格管理是古今中外著名军事家都十分注重的治军基本原则和管理军队的主要特征。"慈不掌兵""军中无戏言""军令如山倒""军队以服从命令为天职"，这些治军格言，说明了严格是军旅生活的主要特点。我国古代杰出的军事家孙武说过："厚而不能使，爱而不能令，乱而不能治，譬若骄子，不可用也。""将者，智、信、仁、勇、严也。"他把严格管理、严格要求作为将帅带兵之道。

历史实践证明，军队如果没有严格的管理约束，诸多兵种之间就形不成强有力的"拳头"，就不可能有良好的军事素质和过硬的作风，部队就会松松垮垮，犹如一盘散沙，千军万马就难以在统一的号令下协调一致地行动，就形不成良好的战斗力。

但是，我军强调的严格，是建立在耐心说服教育、启发自觉的基础上的。军人的服从更多表现为遵从。服从是按照社会要求、群体规范或他人意志行事的社会心理现象，这种行为往往带有被迫性，并非个体自愿。遵从是在自愿基础上的服从，没有内心冲突，是对法令、政策、命令和组织规范的自觉遵守，是对权威人物的道德威望、才智威望和实际成就的权威性遵从。

广大官兵是为了一个共同的革命目标走到一起的，是在自觉自愿的基础上结合在一起的，对部队的严格管理所产生的认同，是一种心理自觉和行动自觉。"严是爱，松是害""严师出高徒"是人所共知的军事格言。严格管理、耐心说服是对官兵的真正爱护。

严格管理与耐心说服要和训练养成结合起来，这是培养部队优良作风的需要。部队的优良作风要在教养一致、训管结合原则的指导下，通过严格训练、刻苦磨炼逐步形成。"冰冻三尺非一日之寒"，培养一个部队的优良作风，必须在严格训练基础上，严格管理，严格要求，点滴入手，日复一日，年复一年，周而复始地长期坚持抓下去，不断地巩固提高。人们常说"平时多流汗，战时少流血"，只有平时在培养优良作风上狠下功夫，战士战时才能过硬，才能少流血。

贯彻严格管理与耐心说服的原则，企业要坚持从一点一滴入手，持之以恒地严格管理团队。《劝学》中有云："不积跬步，无以至千里；不积小流，无以成江海。"企业要使部属真正做到领导在与不在一个样，企业外与企业内一个样，单独执行任务与集体活动一个样，"平时"与"战时"一个样，从"严"字要求，从"爱"字出发，从"变"字看人，从"帮"字做起，加强团队的凝聚力和战斗力。

贯彻严格管理与耐心说服的原则，企业要讲究科学性，严格管理要严之有据，严之可行，严之公平，严格按规章制度办事，实事求是，一视同仁。耐心说服要讲究说服质量，注重教育效果，真正做好疏导工作。要高标准，严要求，从领导思想严起，从干部抓起，不能强调"情况特殊"而降低标准，更不能各行其是另搞一套。总之，在抓企业团队管理上，要求要严格，道理要讲清，管理要大胆，方法要得当，说服要耐心。

贯彻严格管理与耐心说服的原则，企业要着重启发员工遵守纪律的自觉性。战争年代流行一句话：革命靠自觉。企业的纪律要求，靠的也是自觉。员工的自觉纪律性是在认识纪律重要性的基础上形成的自觉自愿遵守纪律的行为习惯,是员工性格中不可缺少的重要心理品质。

(五)按级管理,各负其责

按级管理与各负其责,就是各级首长必须严格履行条令规定的工作职责,在统一的领导下,对部队实行层次管理(或称能级管理),一级抓一级,对所属部(分)队的作战、教育训练、政治思想、行政管理等工作逐级地全权负责,使责任和权限相统一。

按级管理与各负其责,就是实行全员岗位责任制。我军的《内务条令》和有关的条例,对各级首长和主管人员,以及其他各类专业技术人员,都规定了明确的职责,这是实行各级首长领导责任制和各类人员岗位责任制的依据。防止无人负责、互相推诿、滥用职权、瞎指挥的现象,调动各级各类人员的积极性和创造性,提高管理效能。

企业管理要做到在其位,谋其政,行其权,尽其责,取其值、获其荣、惩其误。要坚决反对那种"一竿子插到底"和上级越过好几级直接抓下级,致使中间几级袖手旁观的做法。切忌多头领导,"婆婆"多,难办事。

(六)干部带头,以身作则

干部带头,以身作则,就是要求各级干部要严以律己,身体力行,身先士卒,当好"排头兵",通过自身模范行动,建立起管理者的权威。干部以身作则,冲锋在前,退却在后,吃苦在前，享受在后，这是我军的优良传统。《黄石公三略·上略》有云："以身先人，故其兵为天下雄。"干部的模范带头对部队具有重要的作用。作为领导干部，只有做到政治思想好、业务技术精、组织能力强、纪律作风硬，处处以身作则，才有带兵的本领和权威，才能充分发挥决定性作用。

干部以身作则是最有效的带兵方法。身教重于言传，这是我军管理部队的重要经验。正如人们常说的那样："打铁先得自身硬""正人先正己""喊破嗓子，不如做个样子"。干部的模范作用，就是无声的命令，也是带兵者的有效权威。干部以身作则，为人表率，可以收到言教或行政命令所收不到的特殊效果。干部只有置身于群众之中，不搞特殊化，不谋特权，不摆官架子，不靠"八面威风"，言行一致，表里如一，事事起模范带头作用，处处为部属做好样子，才能赢得人心，才能收到管理教育的最佳效果。

贯彻干部带头、以身作则的原则，企业领导干部要继承和发扬军队的优良传统，以自己的模范行动，影响和管理好团队。《道德经》中说："生而不有，为而不恃，长而不宰，是谓玄德。"领导干部不能耍权威，摆架子，捧自尊；要加强培养自我认识、自我控制、自我反省和自我完善的能力；不仅要在行动上起模范作用，更要在思想上起到引领作用；不仅是行动上的"高个子"，也是企业思想精神上的一座"顶峰"。领导干部要带领团队翻山涉水，坚韧不拔，百折不挠，英勇顽强，永不停息。

四、打造员工心理教育工程

十年树木，百年树人。教育传承文明、灌输知识、开发民智、完善人格、凝聚人心、培育人才、造福千秋，教育与人类共命运。当代企业竞争的关键是人才素质的竞争，培养什么人、怎样培养人，这是关乎企业方向性、全局性、战略性的重大问题，员工的素质，尤其是心理素质决定着企业的核心竞争力。开发员工潜在智力和心理动力，注重培养员工的创新精神和现代人格，关乎企业的百年大计。因此，企业必须把员工的心理素质教育作为关乎团队建设成效的一项战略工程。

心理教育在我国也有数千年的历史。孔子就非常重视对学生进行兴趣、智力、性格、意志等方面的心理教育。在兴趣教育方面，他提出了"知之者，不如好之者"的命题。如果一个人没有对学习产生浓厚而稳定的兴趣，他就不会好学。在智力教育方面，他倡导举一反三。"不愤不启，不悱不发。举一隅不以三隅反，则不复也。"在性格教育方面，《论语·子罕第九》中提出了"子绝四"：毋意、毋必、毋固、毋我。他教人要杜绝四种缺点，做到不主观臆断、不一意孤行、不固执己见、不自以为是。自孔子之后，历代思想家的著述都蕴含着丰富的心理教育思想。

从企业团队建设的角度看，如何加强员工的心理教育？

（一）培养和树立正确的价值观

员工的心理教育，首要的是使员工树立正确的价值观。价值观是人用以评价事物价值标准并以之指导行为的心理倾向。人是幸福还是痛苦，是激昂还是消沉，是奋进还是懈怠，以及困惑、迷惘、失落等心态，都与价值观的冲突密切相关。员工的价值观教育需要确立历史观。

改革开放初期，人们强调物质利益，强调社会竞争，强调个人奋斗，强调发展经济。深圳的"时间就是金钱、效率就是生命"这一广告语成为时代的标识；福建的"爱拼才会赢"这一句闽南语激励了无数人；浙江商人背着背篓行天下，锻造了浙商精神。那个时候的社会风尚是鼓励发家致富，人人想着奔小康。无疑这种深刻的经济社会变革，必然强烈地冲击人们的思想观念、思维方式和价值取向。

但是，近十年来，随着经济发展的利好、发展机会的增多、生活的富足丰盛、幸福指数的提高、思想舆论的净化，社会心态逐渐调整和回归，中国人的价值观在扬弃中进入了一条正向螺旋上升的优化通道。

中国传统文化中的"善恶观""仁爱观""义利观""信义观""礼仪观"等价值准则被重新肯定、接受。更多人在追求个人利益的同时，注意到他人利益和社会公平；在追求物质改善的同时，注重精神意义的追寻。

随着对社会主义核心价值观的倡导和构建，青年人的价值观由多样、分化走向主流整合，民主、法制、文明、爱国、诚信、敬业、责任等成为当代青年认同的价值理念，民族自信心和自豪感得到普遍增强。他们在关注自我利益和价值实现的同时，也对他人、国家和社会承担责任。对许多年轻人来说，尽管前途充满了不确定性，但他们仍然坚信：青春是最大的资本，社会是最好的舞台，时代是最响亮的号角，付出了就会发现一角新世界。

因此，培养和树立正确的价值观，塑造一代有理想、有抱负、有奉献意识、有创新力、有团结精神的新型员工，是中小企业和隐形冠军企业文化建设、思想建设和心理教育的重中之重。

（二）锻造员工的血性人格

冠军是在血与火的锤炼中诞生的。锻造"隐形冠军"，需要一种血性。中小企业要想长治久安，获得长足发展，在行业中形成高位趋势，也需要血性和拼搏精神。

2014年10月30日，习近平总书记在古田镇召开全军政治工作会议（被称为"新古田会议"）上提出，要着力培养"有灵魂、有本事、有血性、有品德"的新一代革命军人。"四有"就是对军人精气神的要求。习近平总书记多次强调，和平环境，决不能把兵带娇了，威武之师还得威武，军人还得有血性。《正气堂集·兵略对》有云："教兵之法，练胆为先。"战争是实力的对抗，也是勇气的较量。血性是军人的本性，是打胜仗的底气。按照"四有"要求去培养现代军人，打造一支文明之师、威武之师、能征善战之师，能打仗，打胜仗。

"隐形冠军"之路需要血性去铺垫。培养企业的血性精神，需要加强国防意识教育。年轻一代员工心理素质的提高，需要全面的、系统的国防教育。我作为一位老兵，最深刻的人生感悟就是"军魂塑造了人生"，国防意识和军队作风对人格的形成和发展有着十分重要的涵养作用。

众多退役军人的创业史证明：军魂在生命中延续，创业热情在磨砺中点燃，新的宏图在眼前展开，无数退役军人创造了辉煌的业绩。中国500强企业具有军人背景的总裁、副总裁中，任正非是杰出代表。这些在地方商战中拼杀出来的企业家，都有着优秀军人的基因。

军事职业和军事活动的特殊性，培养和锻造了军人特殊的性格。很多年轻的战士在入伍前，性格上有这样或那样的缺陷，比如怕苦怕累、作风散漫、铺张浪费、马虎粗心、只顾自我等，经过部队的培养教育，逐步形成了积极向上、行动果断、作风顽强、不怕苦不怕累、关爱战友、帮助他人的好作风、好品质，有了男儿当自强的气质。当兵增添了祖国在心中的分量，当兵可以用热血铸忠诚。

当今，年轻一代的文弱性仍然是一个值得关注的问题。长期的和平环境消退了人们的壮志豪情、英雄气概和民族血性。缺乏阳刚之气、耐挫力下降、心理健康问题越发突出。

因此，隐形冠军企业要把培养国防意识和尚武精神上升到战略的高度加以认识，通过强化国防意识来凝聚员工思想，振奋企业精神，让年轻一代员工接受军魂的洗礼，熏陶一些军人的气质，涵养一些军人的性格特征，锤炼员工的血性和军人品格，从而提高企业的核心竞争力。我认为员工需要具备军人的以下几个特点。

第一，服从。服从是军人最重要的性格特征，服从命令是军人的天职。兵无常势，水无常形，战场瞬息万变。战争的突发性和变异性要求广大指战员因时而变、因地而变、因势而变，及时调整变化。只是一味地服从，刻舟求剑，纸上谈兵，一定会吃败仗。服从和创新是一个悖论。军人的性格就必须把这两者有机地融合在一起。员工性格特征的升华，必须将个人服从性、群体凝聚力和创新性融为一体。

第二，勇敢。特殊的环境，培养和锻造了官兵特殊的意志品质。勇敢是军人性格的第一要素。刘伯承元帅常说，"勇是男儿头上的桂冠，是军人最可贵的品德""无角的绵羊受欺压，有蜇的黄蜂不可侮"，狭路相逢勇者胜。勇敢是一种震慑敌人的强大精神力量，有了勇敢才能在战斗中形成一股强大的突击力、摧毁力。进攻时猛打猛冲，排山倒海；防御时以十当百，众志成城；迂回分割时猛插猛进，宛如行蛇利刃；追歼逃敌时似火山一般迸发，摧枯拉朽。

第三，机智灵活。一个称职的军人，不仅要勇敢，还要有智谋。机智灵活就是军人的主动性、积极性和聪明才智在军事活动中的充分发挥。遵循传统，但不因循守旧；讲究规范，但不拘泥于机械的条条框框；乐于接受新的思想观念、新的行为方式，不断适应部队建设和社会发展变化的需要。

第四，果断。军事行动雷厉风行，要求军人具有果断的性格，行动紧张、迅速、干脆、利落。果断的行动可以赢得战胜敌人的主动权，而那种犹豫不决、优柔寡断的性格特征则可能贻误战机。

第五，顽强。顽强就是一种硬劲。尤其在严峻、残酷、危急时刻，军人一定要有"泰山崩于前而色不变"的气概，真正冲得出、挺得住，展现出"铁军"的形象。社会存在着竞争和博弈，不同的社会职业分工，博弈的内容不同。有的搏的是精力，有的搏的是体力，有的搏的是智慧和知识，而军人搏的是性命。打仗就是你死我活的搏斗。因此，英勇顽强、不怕牺牲是军魂的核心要素。

第六，坚韧。由于军队担负着特殊任务，不仅会遇到各种难以想象的困难，而且有些困难是长期存在的。困难的严酷性和长期性锻造了军人坚韧不拔的意志。无论是在艰苦的战场，还是在抢险救灾的第一线，吃再大的苦，受再大的罪，他们也能够忍受。

第七，自制力。军队生活紧张、艰苦，战场情况纷纭复杂，险象环生。这就要求军人无论是顺利或是失意、胜利或是失利，要克服盲目乐观或悲观泄气的情绪；无论情况多么危急，要防止惊慌失措；无论伤残多么严重，要克制精神上的恐惧和生理上的痛苦。军人正是在平时和战时的艰苦锻炼中，形成了很强的自制力。战斗英雄邱少云是自制力最光辉的典范。

第八，纪律性。高度的组织纪律性是军人性格的重要特征。学校有校规，工厂有厂规，农村也有乡规民约，但地方上的这些规章制度同军队的纪律相比，在要求的程度上和范围上都有很大的差距。军队的纪律严格得多、广泛得多，没有纪律就不成军队。[38]

从以上可以看出，隐形冠军的培养，需要企业家和员工浸染军人的性格特质，唤起危机意识，激发历史责任感，树立牺牲精神，确立代价观念；需要发扬爱军尚武的传统，培养尚武精神，气节相尚，威武相崇，万众一心，众志成城。

军人的血性和担当密不可分。担当是中国人的核心价值观，也是几千年中华民族文化的传承，庸碌无为者为世人所不齿，勇于担当的贤士则为世人所称颂。"为官避事平生耻"集中体现了忠义和担当的中华传统文化美德。孔子云："见义不为，无勇也。"对于为官者而言，遇到应当承担的事而不去承担，便是无勇的表现。[39] 从古到今，中国人奉行一个基本信条：天下兴亡，匹夫有责。

企业家和员工最大的社会担当就是顺民意、助国昌。强化社会担当精神，就是要时刻铭记自身责任，厚植宽厚的爱心和悲悯的情怀，襟怀天下，心系苍生，扶助弱势群体，关怀百姓福祉；锻造正直的精神，不媚娇、不乞怜，不计个人得失、不贪图个人享乐，抵御物欲主义的诱惑；培养高尚的道德情操，严于自律，珍惜荣誉。

（三）强化员工自信心教育

处理企业事，只要有信心，一切皆有可能。自信心是一个人对自己的积极感受，是对自身能力、品行、价值和社会意义的看重。自信心的强弱，决定一个人的生活感受、人生态度和前途发展。一个孩子缺乏自信心，遇到一点困难就退缩，不可能健康成长；一个人缺乏自信心，不可能有更高的理想抱负和进取心，唯唯诺诺，平淡无奇；一个民族缺乏自信心，就挺不起民族的脊梁，就会得精神"软骨病"。中华民族延续千百年来自强不息的民族精神，就是民族自信心的生动体现。一个民族和国家拥有强大的自信心，是屹立于世界民族之林的精神动力。

一个企业群体缺乏自信心，就不可能走向"隐形冠军"的巅峰。自信心教育关乎人的健康成长和民族的发展进步，也关乎企业的发展壮大。

1. 自信心教育的内容

自信心教育分为学校教育、社会教育、家庭教育和自我教育，最根本的还是自我教育。真正自信的人，有赖于四个方面的教育。

第一，乐观教育。乐观是一种积极向上的人生态度和持久性心境。自信的人活泼向上、乐观自如，对生活充满信心，对社会充满信任，对未来充满憧憬，对周围的人有一种积极的感染力。

第二，坦诚教育。自信的人能够直接而坦诚地表达意见和观点，不掩饰、不好大喜功；言行一致，表里如一，信守诺言。自信的人谦虚谨慎，虚心听取别人的意见，诚恳地接受批评，坦然地承认自己的错误，乐于向别人求教，不断吸取别人的长处。自信的人胸怀开阔，不斤斤计较，不嫉妒他人，能够有效地进行情感互动。

第三，开放教育。互联网和智能化时代，加速促进世界万物互联和人类连接互通，人们需要一种更加开放的性格去面对新的未来。自信的人性格开放，态度中和，不故步自封，不因循守旧，融入新生活、接纳新事物、认同新观念、善抓新机会。自信的人在人际交往中不自我封闭，不孤芳自赏，能与他人友好相处。

第四，幽默教育。幽默感是一种机智的、亲切的、欢快的、喜感的和自信的情绪表现。幽默可以淡化人的消极情绪，消除沮丧与痛苦，处理人际矛盾，增进友好相融。自信的人能够表现幽默、发现幽默、欣赏幽默，能以幽默、轻松和智慧的态度面对生活，包括失意和挫折。

自信心是一个人最基本的内在心理品质，也是一个团体乃至民族和国家的精神面貌。一个企业拥有一大批志存高远、自信心强的员工，就会变为无穷的战斗力和生产力。因而，自信心的培养是员工性格和心态培养的核心组成部分。如何培养自信心呢？

2. 自信心培养的方法

一是正面鼓励。人的心理有一种期待效应。热情的鼓励、充分的肯定、殷切的寄托、和蔼可亲的音容笑貌都可以化为一股积极上进的暖流，融进心田，使人的自信心倍增，循着积极上进的方向去努力。

金无足赤，人无完人。对人的错误缺点给予适当的批评是应当的，但一味地指责，总是不断地挑毛病，就会使他们在产生逆反心理的同时，逐步形成自我厌恶感，从心灵深处认为自己"真的不行"。批评和惩处是一种负强化，它对不良行为有一种警示作用，相对表扬和奖励来说是一种辅导手段，如果使用过多，就会出现"哀莫大于心死"。人最怕的是被悲观的情绪所笼罩，对自己失去了信心，也就失去了进取的动力。

二是赋予重任。责任与信任是连在一起的,在不增加过重压力和负担的情况下,大胆布置一些工作任务,甚至是把一些很重要的事情交代下属去干,就会点燃他们的自信心,激发其信任感和自尊心。下属觉得自己被看重,认为自己有价值,自感能力有用武之地,就能够投入全部身心,把智慧、感情与工作融为一体,产生一种忘我的工作意境,撸起袖子干,获得一种内在的升华与发展。

三是创造表现机会。人类最本质的驱动力,就是希望具有重要性。人有一种被承认、被认可、被欣赏的自尊需要,有一种强烈的表现欲望。如果这种需要和欲望得到满足,就会强化自信心,产生一种具有优势的心理状态。因此,要多创造一些让员工表现自我的机会,让其充分发表意见,展示才干,在活动中表现自我、认识自我,增强自信心,满足自尊感。

四是强化自我认同意识。自信心的失落,实际上是看不起自己、排斥自己、压抑自己,必然会导致能力与品格的萎缩。长期处于这种不良的心理状态,就会意志消沉,悲观失望,孤独苦闷。培养人的自我认同意识,就是要让他们融入集体生活,增强对集体生活的认同感。

苏联著名教育家马卡连柯提出"平衡教育原则",主张通过个体教育影响集体,并通过集体教育影响个人,实现个人与集体的互动。因而,员工需要融入集体,通过他人评价而改变自我评价,树立对人际交往的信心。

五是设法给予帮助。一些表现较差,或曾经犯有错误的人往往自信心较弱,要重新唤起他们对工作和生活的热情。采用责任委托法，赋予其一定的责任，创造一些锻炼的机会，矫正不良思想品德，提高自信心。

自信心教育和自信心培养具有深刻的历史性和时代性。落后的旧中国，苦难的人民，缺乏尊严感，又何谈自信心呢？

毛泽东在《浪淘沙·北戴河》一词中写道："大雨落幽燕，白浪滔天，秦皇岛外打鱼船。一片汪洋都不见，知向谁边？往事越千年，魏武挥鞭，东临碣石有遗篇。萧瑟秋风今又是，换了人间。"中华人民共和国成立一扫中国人身上的萎靡，焕发出的心理力量也改变了中国，提升了中国人的自信心，中华民族重新获得尊重，中国人的尊严感获得了空前提升。

随着中国的崛起和复兴，民族自信心将逐步内化进中国人的心理深层，变成中国人的心理自觉和行动自觉。几十年来，中国数不胜数而又接踵而至的"世界第一"，引来了世人艳羡和全球关注。中国被大部分人誉为全球"最安全的地方"，有些网民说得好："我们没有生活在一个和平的世界，但我们有幸生活在一个和平的国家。"在这种大时代背景下，中国的企业会更加自信，中国的企业家也会更加自信，中国的中小企业也会更加坚信走"专精特新"道路的正确性，更加有勇气冲刺"隐形冠军"！

（四）警醒性教育

企业发展充满了不确定性，在前进的道路上，会遇到各种意想不到的风险、危机甚至灾难，应该时刻保持警惕性。企业做大了，就会出现思想松懈、热情降低、惰性加重、居功自傲、官僚作风、主观主义、作风涣散等各种"大企业病",导致由盛而衰,所以必须时刻唤醒员工,加强警醒性教育。

加强警醒性教育,要以史为鉴。《新唐书·列传·卷二十二》有云:"思所以危则安矣,思所以乱则治矣,思所以亡则存矣。"这段话是告诫人们思危得以安定、思乱得以治理、思亡得以幸存,要增强忧患意识,居安思危。给我们的启示是,在胜利面前保持清晰的头脑,不居功自傲,不盲目乐观,防止精神萎缩和心理蜕变。

1945年7月1日,黄炎培访问延安时,毛泽东寻问感想,他不无感慨地说:"我生六十多年,耳闻的不说,所亲眼看到的,真所谓'其兴也勃焉''其亡也忽焉',一人、一家、一团体、一地方,乃至一国,不少单位都没有能跳出这周期率的支配力。大凡初时聚精会神,没有一事不用心,没有一人不卖力,也许那时艰难困苦,只有从万死中觅取一生。既而环境渐渐好转了,精神也就渐渐放下了。有的因为历史长久,自然地惰性发作,由少数演变为多数,到风气养成,虽有大力,无法扭转,并且无法补救……一部历史,'政怠宦成'的也有,'人亡政息'的也有,'求荣取辱'的也有。总之没有能跳出这周期率。"[40]

黄炎培所说的"周期率",道出了心理演化规律。创业时,艰苦奋斗,守职尽责,热情高涨,心理聚合,永葆初心,民心所向;守业时,容易贪图享受,居功自傲,放松要求,心理懈怠,忘却初心,民心所背。创业难,守业更难。只有守住初心、守住本心,才能跳出"周期率"。

警钟长鸣,方得清醒。前事不忘,后事之师。对于中小企业和隐形冠军企业来说，永远不要忘记自己从哪里来，不要忘记创业时的艰辛，不要忘记"来时路"的曲折，不要放松对"未来路"充满警觉。企业要始终保持艰苦奋斗的精神，始终保持顽强拼搏的作风，始终保持勤俭节约的优良品质，始终保持谦虚谨慎、虚心好学的态度。企业要不畏风寒，无惧风浪；初心不改，方得始终。路漫漫其修远兮，吾将上下而求索！

主要参考文献

[1] 宣言.雄关漫道真如铁［N］.人民日报，2019-09-26（1）.

[2] 韩鑫.专精特新"小巨人"企业发展加速［N］.人民日报，2021-08-25（10）.

[3] 青木.德媒：中国创新进步的"四大原因"，美国科技巨头开始模仿中企［N］.环球时报，2021-10-24.

[4] 孙昌岳.德国"隐形冠军"扎堆中国［N］.经济日报，2021-08-28（4）.

[5] 金冲及.为党和人民事业学哲学用哲学——陈云学用哲学启示录［N］.人民日报，2015-06-15.

[6] 薛惠锋.钱学森"总体设计部"思想的时代特性［OL］.中国社会科学网，（2020-03-11）［2021-11-05］.http://www.cssn.cn/zgdsdj/202207/t20220729_5434521.shtml.

[7] 刘翔平.积极心理学（第2版）［M］.北京：中国人民大学出版社，2018.

[8] ［德］恩格斯.自然辩证法［M］.于光远等，译.北京：人民出版社，1984：137.

[9] "危亡关头"开始"换血" 任正非：华为启动"作战模式"［N］.参考消息，2019-08-22.

[10] 宫玉振.善战者说：孙子兵法与取胜法则十二讲[M].北京：中信出版集团，2020.

[11] 金冲及.周恩来传（1898—1949）[M].北京：人民出版社，1996：25.

[12] 周恩来.周恩来选集（上卷）[M].北京：人民出版社，1980：138.

[13] 方钜成，姜桂侬.西方人看周恩来[M].北京：中国和平出版社，1989：45.

[14] 杨文全，谢磊.共和国元帅朱德：被誉"红军之父"毛泽东称赞"度量大如海意志坚如钢"[OL].中国共产党新闻网，（2016-07-06）[2024-03-10].http://dangshi.people.com.cn/n1/2016/0705/c85037-28526820.html.

[15] 张湘忆，谢磊.盘点：毛泽东如何评价周恩来、刘少奇等老一辈革命家[OL].中国共产党新闻网，（2015-05-27）[2024-03-10].http://dangshi.people.com.cn/n/2015/0527/c85037-27061620-4.html.

[16] 〔美〕伊查克·爱迪斯.企业生命周期[M].王玥，译.北京：中国人民大学出版社，2017.

[17] 〔美〕安迪·格鲁夫.只有偏执狂才能生存[M].安然，张万伟，译.北京：中信出版社，2013：146-147.

[18] 刘红松.百年：中国人的心理跃迁[M].北京：社会科学文献出版社，2021：62-65.

[19] 李季.推进特色村镇试点创建 泉州市一镇一业、一村一品雏形初显[OL].中国新闻网，（2019-11-18）[2021-

11-05].http://www.chinanews.com.cn/business /2019/11-18/ 9010149.shtml.

[20] 叶映荷.蔡昉：加大再分配力度才能支撑中国内需增长，外需仍然重要[OL].澎湃新闻，(2020-08-22)[2021-11-05].https://www.thepaper.cn/newsDetail_forward_8841267.

[21] 刘红松.百年：中国人的心理跃迁[M].北京：社会科学文献出版社，2021：133-138.

[22] 刘红松.百年：中国人的心理跃迁[M].北京：社会科学文献出版社，2021：140-141.

[23] 上游新闻.李宁服装首次亮相纽约时装周 网友惊呼：李宁居然这么好看了！[OL].上游新闻，(2018-02-08)[2021-11-05].https://www.cqcb.com/sports/2018-02-08/675384_pc.html.

[24] 杨军，刘玲玲等.芷兮问茶[M].昆明：云南大学出版社，2020.

[25] 刘红松.竞争技巧[M].北京：知识出版社，1990.

[26] 刘红松.百年：中国人的心理跃迁[M].北京：社会科学文献出版社，2021：121-126.

[27] 郑晓明，刘琛琳.共情领导力——数字化时代智能组织管理的新挑战[J].清华管理评论，2020(6).

[28] 刘红松.百年：中国人的心理跃迁[M].北京：社会科学文献出版社，2021：179-186.

[29] 毛泽东.毛泽东选集[M].北京：人民出版社，1991(1)：138-139.

[30] 宋志平.改革心路[M].北京：企业管理出版社，2018：22.

[31] 〔奥〕阿尔弗雷德·阿德勒.自卑与超越[M].杨蔚，译.天津：天津人民出版社，2017.

[32] 〔美〕维克多·弗兰克尔.活出生命的意义[M].吕娜，译.北京：华夏出版社，2010.

[33] 刘红松.百年：中国人的心理跃迁[M].北京：社会科学文献出版社，2021：16-32.

[34] 姜廷玉.淮海战役：以60万战胜80万的战争奇迹[J].军事史林，2019（Z1）.

[35] 罗荣桓.秋收起义与我军初创时期[N].解放军报，2019-09-28.

[36] 黄新龙，刘红松.军队经常性管理概论[M].北京：军事谊文出版社，1992：53-75.

[37] 中国共产党红军第四军第九次代表大会决议案[OL].中国军网，（2014-08-29）[2024-3-10]http://www.81.cn/2014gthy/2014-08/29/content_6117386.htm.

[38] 刘红松.军人心理学[M].北京：国防大学出版社，2000：54-55.

[39] 刘余莉.中国传统社会的"担当"之道[OL].人民论坛网，（2019-04-05）[2024-03-10].http://www.rmlt.com.cn/2019/0405/543883.shtml.

[40] 新华网/中国政府网.黄方毅：从黄炎培与毛泽东"周期率"对话说起[OL].（2017-03-11）[2021-11-05].

http://www.xinhuanet.com/politics/2017lh/2017-03/11/c_129507336.htm.

后 记

20世纪90年代初期，经济安全开始得到世界各国的广泛重视，并成为国家大战略的构成要素之一。从那时起，我就关注经济安全和经济发展战略问题。几十年来，几乎全部精力集中于此。战略发端于军事和战争，当今许多的战略理论源于军事战略思想的演变，军事战略和企业战略、军队管理和企业管理有着极其相似的共通性，军事理论和《孙子兵法》对企业发展具有很强的借鉴性。我作为一位老兵和军旅专家，骨子里渗透着血性文化，崇尚追求卓越，崇尚积极向上，崇尚勇攀高峰，崇尚英雄气概，崇尚正能量，胸怀冠军情结。所以，我对"隐形冠军"的概念很是认同，期待着中国不断涌现出数不胜数的隐形冠军企业，冲向世界各个行业的巅峰，屹立在世界的行业之林，独领风骚，傲视群雄，助力中国式现代化建设。于是，我就写了这本《中国式隐形冠军——聚焦专精特新之路》，奉献给坚定不移地在"隐形冠军"和"专精特新"征程中顽强拼搏的广大中国企业家、各级管理人员和无数的奋斗者。

本书2022年2月出版以后，得到一些企业家、高层管理者和学术界的认可和赞赏，出版社决定出第二版。趁此机会，我在原稿的基础上，丰富了一些内容，深化了一些认识，完善了一些思想观点，增加了一些案例。现在本书感觉丰满、厚重和实用一些，期待大家批评指正！

本书写作过程中得到了企业管理出版社孙庆生社长、王仕斌副社长、陈静副总编以及出版社总编室的大力支持，华阅图书策划中心朱新月总编和华阅编辑部赵辉主任及同仁们为本书的出版和再版付出了辛苦努力，隐形冠军之父赫尔曼·西蒙教授对本书给予了充分肯定，并写了推荐语，在此表示衷心的感谢！感谢清华大学经济管理学院教授、博士生导师郑晓明为本书作序！感谢北京师范大学经济与管理学院副院长、博士生导师张平淡教授为本书提供了大量资料，并提出了很多宝贵意见！感谢杨树仁董事长 20 多年的携手同行和相互赋能！感谢赫尔曼·西蒙商学院林惠春老师和郝清峰、徐振乾、杨帆、刘艺等同仁的热情帮助！感谢我的学生周文博士为本书付梓所做出的贡献！感谢武燕玲、罗斌、刘玲玲等企业优秀领导人提供了案例资料！

飨德怀恩，词不悉心！愿我在未来岁月笔耕不辍，继续前行！

刘红松

2024 年元旦于北京